Wandern
im
Harz

Achim Schnütgen

Inhalt

Wandern im Harz

Wandersaison

Die beste Zeit zum Wandern im Harz liegt zwischen Mai und Oktober. Ausflüge in die Harzrandstädte und ihre nähere Umgebung können durchaus schon im April zu einem erwärmenden Erlebnis werden. Hingegen muss zu dieser Zeit außerhalb der Ortschaften in der Gebirgslandschaft und gerade in größeren Höhen noch mit verschneiten oder gar vereisten Wegen gerechnet werden. Besonders reizvoll sind im Mai die Buchenwälder, im späten Frühjahr stellt sich auf Bergwiesen und in Flussauen eine vielfältige Blütenpracht ein. Während des Hochsommers bringen niedrigere Temperaturen in den Hochlagen Erfrischung. Wundervoll ist das Farbenspiel der herbstlichen Laubwälder.

Anspruch

In der Rubrik ›Die Wanderung in Kürze‹ wird jeweils darauf hingewiesen, ob es sich bei der Wanderung um eine einfache (+), eine mittelschwere (++) oder eine anspruchsvolle (+++) Tour handelt.

Gehzeiten

Bitte beachten Sie: Alle in diesem Wanderführer aufgeführten Zeiten verstehen sich als reine Gehzeiten. Rechnen Sie bei der Planung einer Tour noch etwa ein Fünftel bis ein Viertel der Zeit hinzu, um Pausen für die Rast oder zum Fotografieren, Abstecher oder schlimmstenfalls ein Verlaufen zu berücksichtigen. Auch ein Wettersturz, abgerutschte Wege oder angeschwollene Bäche können die Wanderzeit erheblich verlängern.

Wege und Markierungen

Die meisten Wege sind im Harz gut begehbar. Schwierigere, besonders feuchte oder rutschige Wegabschnitte sind in den Beschreibungen hervorgehoben. Besondere Anforderungen an die Gehsicherheit des

Wanderers sind vor allem auf Pfaden in den größeren Höhen und auf An- und Abstiegen in den Tälern gestellt. Manchmal stimmen die Markierungen mit denen auf der Karte nicht überein oder sie fehlen ganz. Darauf sollte man sich durch die Mitnahme einer guten Wanderkarte einstellen. Nur in einzelnen Fällen werden Anforderungen an den Orientierungssinn gestellt. Die meisten Wanderwege sind ausreichend markiert.

Ausrüstung

Natürlich hängt die Art der Bekleidung von der Jahreszeit ab. Auf längeren Wanderungen sollte auf jeden Fall Schutzkleidung gegen Wind und Regen mitgenommen werden. Wegen steiniger Wege und Pfade in den höheren Regionen, aber auch wegen rutschiger und unebener Wegverhältnisse ist für die Wanderungen ein fester Schuh mit Profilsohle unbedingt zu empfehlen. Es sollte bedacht werden, dass auf manchen Strecken keine Einkehr möglich ist oder manche Gasthäuser auch gerade Ruhetag haben. Daher sind vor allem auf Wanderungen mit längeren Anstiegen genügend Getränke, zur Stärkung aber auch eine leicht verdauliche Nahrung mitzunehmen.

Karten

Zu empfehlen ist die topographische Karte 1:50 000 mit Wanderwegen mit den Einzelblättern: »Wandern im Westharz«, »Wandern im Ostharz« (Wanderkarten des Harzklubs e.V.). Die Karten können in großen Buchhandlungen und in Informationzentren größerer Orte bezogen werden.

Anfahrt

Im Harz gibt es genügend Parkplätze, auf denen das Kfz abgestellt werden kann. Der Benutzer öffentlicher Verkehrsmittel kann bei den Fremdenverkehrsämtern größerer Harzorte Kursbücher erwerben.

SYMBOLE IN DEN KARTEN

⌂	Gasthaus, Hütte (bewirtschaftet)	✕	Bergwerk (aufgelassen)
⌂	Schutzhütte, Unterstand	✿	Mühle
⌀	Kirche	t	Wegkreuz
⌀	Kapelle	⊼	Rastplatz
⌀	Kloster	⋒	Höhle
⌀	Burg, Schloss	⌇	Wasserfall
⌀	Burgruine	○	Quelle
⌀	Aussichtsturm	♣	Markanter Nadelbaum
∴	Archäologische Stätte	◊	Markanter Laubbaum
⚑	Denkmal, Monument	◻	Schwimmbad
✕	Bergwerk (in Betrieb)	⌀	Sendemast

Bergbau, Teiche und Gräben

Kaum eine Landschaft ist in Deutschland so intensiv und über einen so langen Zeitraum hinweg vom Bergbau geprägt worden wie der Harz. In kaum einem Gebiet auf der Erde wurde über 1000 Jahre lang das Erz aus dem Berg geholt, so dass man heute noch mittelalterliche Schürfe und Gruben sowie wasserbauliche Maßnahmen zum Unterhalt der Förderung vor mittlerweile fast 300 Jahren studieren kann. Die Spuren der Grabungen und der Verhüttung aus dem Mittelalter überziehen Teile des gesamten Harzes. Es ist geschichtlich belegt, dass die Suche nach silberhaltigen Erzen vor rund 1000 Jahren im Raum Goslar ihren Anfang nahm. Ob damit tatsächlich der Bergbau, die Erzaufbereitung, Verhüttung und Metallverarbeitung in diesem Gebirge begonnen haben, wird nach neuesten Ausgrabungsergebnissen in Frage gestellt. Im Wesentlichen konzentrierte sich der Bergbau auf den Oberharz, den Hochharz mit der Umgebung von Elbingerode und auf das Mansfelder Land. Im frühen Mittelalter waren die zentralen Gebirgsteile nicht so sehr von der grabenden Tätigkeit des Bergmannes betroffen, sondern eher von den Folgeerscheinungen, die sich aus der Erzförderung ergaben. Man benötigte sehr viel Holz als Energieträger, um aus dem Erz das Metall zu gewinnen. Erst Anfang des 16. Jh. erließen die Landesherren nach verheißungsvollen Erzfunden im Oberharz so genannte ›Bergfreiheiten‹, deren Vergünstigungen (z. B. freies

Holz zum Bauen und Heizen, freies Viehweiderecht usw.) Bergleute aus anderen Bergbaugebieten veranlassten, sich hier niederzulassen. Die Folge war die Gründung der sieben Freien Bergstädte St. Andreasberg, Clausthal, Zellerfeld, Lautenthal, Wildemann, Bad Grund und Altenau.

Im Oberharz trifft man noch auf eine Vielzahl von Hinweisen auf die ergriffenen wasserbaulichen Maßnahmen mit der Anlage von Flutgräben und Teichen. Wasserkraft musste das ganze Jahr über unabhängig von Trockenzeiten den Bergbau- und Verhüttungsbetrieben zur Verfügung stehen. Aus diesem Grunde wurden als Speicher Kunstteiche mit einer hohen Speicherkapazität angelegt, in denen die reichen Niederschläge des Hochharzes aufgefangen wurden. Der Harz besaß bis in das 19. Jh. hinein mit dem 1721 fertig gestellten Oderteich den größten Stausee Europas. Die Energie des über Wasserräder stürzenden Wassers wurde genutzt, um Fördereinrichtungen, sog. Fahrkünste, und Pochwerke zum Zerkleinern des Erzes anzutreiben und um Grubenwasser zu heben. Welche Bedeutung der Bergbau für diese Region besaß, kann man an der Vielzahl der wie Augen aus der bewaldeten Harzlandschaft leuchtenden Teiche und Wasserläufe ermessen.

Vom 16. bis zur zweiten Hälfte des 19. Jh. wurden kraft des sog. ›Oberharzer Wasserregals‹ die Probleme der Wasserbe- und -entsorgung auf diese Weise gelöst. Obgleich auch in anderen deutschen Mittelgebirgen Bergbau betrieben wurde, ist das Oberharzer Wasserwirtschaftssystem mit seinen Gräben und Teichen einzigartig. Es existierten im Jahre 1865 etwa 179 km Gräben und 19 km Wasserläufe (Wasserstollen) sowie 63 Bergwerksteiche im Oberharz. Funktionsfähig sind davon heute noch etwa 63 km Gräben, 19 km Wasserläufe und 61 Teiche. Lange Zeit nach dem Erliegen des Bergbaus sind heute noch einzelne Systeme für die Erzeugung elektrischen Stroms in Betrieb. Die vielen Teiche sind heute wesentliche Bestandteile einer anmutigen Landschaft, in der der Besucher Ruhe und Entspannung findet.

Es gibt im Harz keine natürlichen Seen, so dass sich Talsperren als die auffälligsten Wasseransammlungen neben den von den Harzer Bergleuten angelegten Stauteichen als künstliche Elemente in das Landschaftsbild einfügen. Der Bau der im Harz vorkommenden Talsperren wurde aus verschiedenen Gründen vorgenommen. Der größte Teil verdankt seine Anlage den hohen Niederschlägen, die vor allem im Umland des Brockens und an den hohen Erhebungen des Ober- und westlichen Mittelharzes fallen. Immer wieder kam es bei Flüssen des Hoch- und Oberharzes gerade nach Sommergewittern und bei Wärmeeinbrüchen im Winter zu katastrophenartigen Abflüssen, die manchmal in verheerender Weise die Orte am Harzrand heimsuchten. Neben dem Hochwasserschutz ist die Nutzung der Wasserüberschüsse wegen des gestiegenen Trinkwasserbedarfs in den angrenzenden Ballungsräumen von großer Bedeutung. Fast alle Großstädte im Umland, sogar Bremen, erhalten Wasser aus dem Harz.

Berühmte Harzbesucher und -bewohner

Gerade im Gebiet des Hochharzes wird der Wanderer an mehreren Stellen und durch verschiedene Einrichtungen daran erinnert, dass berühmte Reisende, Wanderer oder Touristen den Harz aufgesucht haben oder im Harz gelebt haben. Davon zeugen u. a. im Hochharz ein Goetheplatz, ein Heinrich-Heine- und ein Goetheweg. Auf dem Gipfel des Brockens, der schon sehr früh zum Tummelplatz prominenter Bergwanderer avancierte, ist in die Wand der Brockenhütte ein Relief mit dem Antlitz Goethes eingearbeitet. Aus der Niederung des Bodetales ragt steil der Goethefelsen auf. Über dem Tal der Lude mit dem schönen Städtchen Stolberg steht die Luther-Buche und erinnert an den Besuch des großen Reforma-

tors im Jahre 1525. Martin Luther verbrachte einen Teil seiner Jugendzeit im Unterharz. In Mansfeld stehen noch das Elternhaus und die Schule, die er als junger Bursche besuchte. Nach 1506 suchte er nur noch vorübergehend den Harz auf, u. a. das Kloster Himmelpforte und das bezaubernde Städtchen Stolberg. Im gleichen Ort verbrachte Luthers Gegenspieler, Thomas Müntzer, einen Teil seiner Jugend.

Sicherlich wird auch das naturwissenschaftliche Interesse Friedrich von Hardenberg, genannt Novalis, einen der berühmtesten Anwohner, in den Harz geführt haben. Als einer der bedeutendsten Romantiker widmete er sich nicht nur mit Begeisterung der Landschaft, sondern drang auch in die geheimnisvolle bergmännische Umwelt vor. Seine Beziehung zu den Geheimnissen der Geologie gibt er in Gedichtform wieder.

Der berühmteste Harzwanderer, Johann Wolfgang von Goethe, suchte im Laufe seines Lebens dreimal den Harz auf. Seine spektakulärste Unternehmung war die Winterreise im Dezember 1777, die ihren Höhepunkt in der Besteigung des Brockens fand. Goethe gehörte unter den Prominenten zweifelsohne zu den eifrigsten Harzbesuchern. Für ihn war aber der Harz weniger ein bergsteigerisches Betätigungsfeld, sondern wissenschaftliches Interesse und seine beruflichen Aufgaben veranlassten ihn, das Gebirge aufzusuchen. Sicherlich sind seine Gedanken zum geologischen Aufbau und zur Entstehung der anstehenden Gesteine der Allgemeinheit weniger bekannt, als seine literarischen Werke »Harzreise im Winter« oder die Passagen, die sich im »Faust« auf den Harz beziehen.

Heinrich Heine hielt sich im Harz weniger auf der Suche nach wissenschaftlichen Erkenntnissen auf, sondern ließ vielmehr die Landschaft auf sich, den Wanderer, wirken. Von den Harzbesuchern zu Beginn des 19. Jh. steht er sicherlich im Vordergrund. Das literarische Ergebnis seiner Besuche war die »Harzreise«, ein Werk schwärmerisch überhöhter Naturbeschreibung, durchsetzt mit Ironie und Satire.

Heine suchte den Harz als 27-jähriger auf und machte sich am 12. oder 13. September 1824 von dem ihm verhassten Göttingen auf den Weg, nächtigte in Osterode, begab sich nach Clausthal-Zellerfeld und war am 16. September in Goslar. Drei Tage später stieg er zum Brocken auf und verbrachte die Nacht auf dem Gipfel. Der Abstieg erfolgte durch das Ilsetal nach Ilsenburg.

In der Reihe der Romantiker darf auch Eichendorff nicht fehlen. Er weilte, wie das in der damaligen Zeit üblich war, mit mehreren Hallenser Kommilitonen im Jahre 1805 im Brockengebiet und stieg das Ilsetal hinauf, äußerte sich später weniger schwärmerisch über seinen Aufenthalt in der Natur.

Es ist nur zu verständlich, dass der Anblick der geheimnisvollen Landschaft starke Gefühle auch bei den Romantikern weckte, die nicht der schreibenden Zunft angehörten. Der Harz beschäftigte den romantischen Maler Caspar David Friedrich, der sich zwar noch mehr zur Mystik des Riesengebirges hingezogen fühlte, aber in einem seiner bekanntesten Gemälde »Der Watzmann« die Klippenlandschaft um den Brocken in vorzüglicher Weise darstellte.

Theodor Fontane hielt sich in der Zeit von 1878–1881 in den Sommermonaten in Wernigerode auf und verfasste den Roman »Ellernklipp«, dessen Handlung in der Umgebung Wernigerodes angesiedelt ist. 1884 weilte er an den Handlungsorten seines Romans »Cécile« Quedlinburg, im Bodetal mit Altenbrak und Thale. Hermann Löns als Vertreter des 20. Jh. nahm schon die Bequemlichkeiten in Anspruch, die den Harzbesuchern geboten wurden. Er fuhr mit der Brockenbahn hinauf auf den höchsten Gipfel und äußerte sich entsetzt über den Schaden, den die Natur zu Beginn des Massentourismus nahm.

Granit – das Höchste des Harzes

Unvermittelt ragt am Übergang zum Norddeutschen Tiefland der Harz als eine riesige Scholle aus seiner Umgebung. Obgleich dieses außerordentlich oft besuchte deutsche Mittelgebirge zum größten Teil aus sehr alten (300–400 Mio. Jahre) Sedimentgesteinen besteht, wird sich ein Harzbesucher am ehesten an den Granit erinnern; denn dieses in der Tiefe entstandene Gestein tritt am häufigsten und am auffälligsten in Erscheinung. Geheimnisumwittert und manchmal fast Furcht erregend erscheinen die von den Einheimischen als Steine oder Klippen bezeichneten Felsburgen oder riesigen Einzelblöcke in der Harzer Berglandschaft.

Da lohnt es, sich die Umgebung von Schierke genauer anzusehen, denn dort sind große Teile des Brockenmassivs mit metergroßen Blöcken übersät, oder regelrechte Felsburgen ragen aus dem Untergrund. Die Blöcke fügen sich zu Block- oder Felsenmeeren zusammen.

Bei ihrem Anblick stellt man sich die Frage, wie sie an ihren jetzigen Ort gelangt sind. Da bekannt ist, dass die höheren Mittelgebirge während der letzten Eiszeiten in den Gipfelregionen vergletschert waren, liegt es nahe anzunehmen, dass die Blöcke von den Eismassen eines Gletschers transportiert wurden. Diese Erklärung mag zutreffen, wenn man diese Erkenntnis auf die höheren Regionen der Mittelgebirge bezieht. Da nun Blockansammlungen aber auch in tieferen Lagen und in gleicher Verteilung in wärmeren Regionen der Erde, ja sogar in den Tropen vorkommen, und außerdem von Gletschern hinterlassene Schrammen vermissen lassen, wird es außerordentlich schwierig, wenn nicht sogar unmöglich, ihre Anwesenheit durch das Wirken von Eismassen zu erklären. Der Lösung des Problems kommt man da schon näher, wenn man sich Aufschlüsse oder gar größere Steinbrüche mit dem verwitterten anstehenden Granit anschaut. Als besonders schönes Beispiel kann die aufgelassene Grube am Rehberger Graben im Odertal (s. S. 92) unterhalb des Oderteiches herangezogen werden. Dort schwimmen in einer lockeren körnigen Masse, dem Grus, metergroße Granitblöcke, teils einzeln oder noch im Verband. Etwa dezimeterbreite Fugen zwischen den Blöcken werden von dieser Masse ausgefüllt. Das lässt uns zumindest vermuten, wo die Blöcke herkommen. Der Granit ist teilweise zu Grus bis zu einer Tiefe von manchmal mehr als 20 m verwittert. Ein so tief reichender Angriff der Verwitterung auf das Gestein kann nicht mit dem heutigen Klima im Harz und auch schon gar nicht mit dem Eiszeitenklima erklärt werden. Vielmehr wirkt diese Form des Gesteinszersatzes in den deutlich wärmeren Regionen der Subtropen, also etwa im Mittelmeerraum. Also ist die Vergrusung in einer weit zurückliegenden wärmeren Zeit der Erdgeschichte erfolgt, die mindestens 3 Mio. Jahre zurückliegen muss. Die Anwesenheit der angerundeten, frischen Blöcke lässt sich durch einen weiten Abstand der senkrechten Klüfte als Verwitterungsbahnen erklären. Solange nun der Granit tiefgründig ver-

wittert, ohne dass dabei auch die Abtragung wirkt, wird sich die Landschaft kaum verändern. Wirkt sie langsam, dann wachsen durch das Abschwemmen des Gruses einzelne Blöcke aus dem Boden. In der Umgebung des Brockens sind aber die Hänge regelrecht mit Blöcken übersät. Das bedeutet doch, dass in der jüngeren geologischen Vergangenheit ein wesentlich stärkerer oder ein lang andauernder Abtragungsprozess die feinkörnige Masse, den Grus, zwischen den Blöcken beseitigt haben muss, so dass nur noch die Blöcke und die herausragenden Felsburgen oder Klippen zurückblieben. Dieses ist vornehmlich im Eiszeitalter geschehen, als der Abtragungsprozess des Bodenfließens wirkte und gewaltige Massen des Gruses entfernte, so dass die typischen Formen der Granitlandschaft zurückblieben. Die ursprünglich im Grus befindlichen Blöcke sammelten sich auf den Hängen und rutschten zu Tal. In Abflussrinnen oder gar Tälern bildeten sich dann regelrechte Blockströme oder in flachen Mulden Block- oder Felsenmeere als Hinterlassenschaften dieses außerordentlich effektiv wirkenden Abtragungsprozesses.

Blieb die Verbindung ursprünglich überlagernder Blöcke von dem Abtragungsprozess unberührt, dann wuchsen aus der Landschaft allmählich die Klippen oder Felsburgen heraus. Besonders schöne Felsburgen oder Klippen treffen wir im Brockengebiet und im Okergranit an. Natürlich können auch Felsburgen und Blockmeere in anderen Gesteinen entstehen. Sie sind aber deutlich weniger attraktiv als im Granit.

Wälder und Wiesen

Schon ein flüchtiger Blick auf eine Wanderkarte macht deutlich, dass der Harz ein ›grünes‹ Gebirge ist, denn nur in der Umgebung von Ortschaften als Zentren von Rodungsinseln wird diese Uniformität unterbrochen. Damit existiert der Harz noch weitgehend in seiner ursprünglichen Bedeutung als ›Bergwald‹ *(hart)*. Er stellt aber keineswegs ein eintöniges Waldgebiet dar, sondern wegen der großen Höhenunterschiede zwischen Vorland und den höchsten Gipfeln (bis zu 900 m) sind im Aufbau des Waldes deutliche Vertikalstrukturen zu erkennen. Im Harz können fünf verschiedene (nach Erkenntnissen, die bis 1500 zurückreichen) Zonen gegeneinander abgegrenzt werden.

Buchen-/Eichenwälder
In den Rand- und Tallagen wachsen von der Basis bei etwa 200–300 m bis zu einer Höhe von etwa 450 m Buchenwälder mit Eichen. Im ausgehenden Mittelalter fand dieser Waldtyp noch eine weite Verbreitung, auch wegen seiner Funktion als Tierfutter-Lieferant.

Buchenwälder
Die mittleren Lagen bis zu einer Höhe von 700 m sind Buchenwäldern vorbehalten. Das ist zugleich auch das Gebiet der Hochflächenlandschaft. Bis zu seiner bergbaulichen Erschließung war der Harz in dieser Region von ausgedehnten Buchenwäldern bedeckt, so dass nach den natürlichen Standortbedingungen und der Verbreitung die Buche und nicht die Fichte der Baum des Harzes ist. Obgleich sie sich mit rücksichtlosen Methoden – durch vollständige Beschattung und Durchdringung des Bodens mit Flachwurzeln – ausbreitet, kann

man sich dem besonderen Reiz und der Ruhe, die von einem Buchenwald ausgehen, nicht entziehen. Wegen des geringen Lichtangebots im Sommer haben die meisten Begleitpflanzen ihre Vegetationszeit im Frühling. Die bekanntesten sind das Buschwindröschen, das Maiglöckchen und der nicht allein aus botanischen Gründen beachtete Waldmeister.

Buchen-Fichten-Mischwälder

Die oberen Hanglagen zwischen 700 und 800 m sind im Brockengebiet den Buchen-Fichtenwäldern vorbehalten. Als die beiden beherrschenden Baumarten sind die Laub abwerfende Rotbuche und die immergrüne Fichte oder Rottanne zwei ungleiche Partner. Diese Mischform bildete sich in den Harzer Wäldern in vorgeschichtlicher Zeit zwischen den reinen Buchenwäldern in den tieferen Lagen und den Bergfichtenwäldern aus. Beide Baumarten ergänzen einander in diesen Beständen gut. Die Buche verbessert im Herbst den Boden mit ihrem Laubfall und gibt dem Gesamtbestand mehr Sicherheit gegen Stammwürfe. Mikroklimatisch ungünstigere Stellen werden von der robusteren Fichte eingenommen. Heute ist diese Höhenlage, abgesehen von kleineren Resten, fast nur noch den aufgeforsteten Fichten vorbehalten.

Fichtenwälder

In den Hochlagen zwischen 800 m und der natürlichen Waldgrenze am Brocken bei 1100 m wachsen die Bergfichten-Wälder. Es ist zugleich auch die Zone der Harzmoore. Bis in das ausgehende Mittelalter hinein wuchs dieser Waldtyp erst ab 700 bis 800 m Höhe. In dieser Zone trifft man auf ein pflanzliches Relikt aus der letzten Eiszeit, auf die nur 20–70 cm hoch werdende Zwergbirke.

Inzwischen ist der Harz in diesen Höhen größten Belastungen durch Schadstoff-Immissionen ausgesetzt. Erst seit den letzten 15 Jahren fällt immer mehr auf, dass die Fichtenwälder in den Höhenlagen auch nicht mehr vom Waldsterben verschont bleiben. Auf dem Acker, dem Bruchberg, aber auch im Umfeld von Torfhaus haben die Kahlflächen schon vereinzelt ein erschreckendes Ausmaß angenommen.

Subalpine Heide

Über 1100 m hinaus begibt man sich in die Region subalpiner Bergheiden der Brockengipfelfläche. Die alpinen Matten der Brockenkuppe mit der Brocken-Anemone und dem Alpenhabichtskraut als hervorzuhebende Arten sind nur noch in Resten erhalten.

Bergwiesen

Bei einer Beschreibung der Pflanzendecke des Harzes darf man nicht die bunten Bergwiesen vergessen. Während ihrer Blütezeit zwischen Mai und Juni kann man regelrecht auf botanische Entdeckungsreisen gehen. Bekannt sind die Wiesen um die alten Bergstädte, vor allem um St. Andreasberg. Zum Ausruhen laden die Wiesenlandschaften auf der Elbingeröder Hochfläche ein. Überrascht wird der botanisch Interessierte vom Artenreichtum der Wiesen in der Umgebung von Tanne sein. Einen ›Weitblick‹ vermitteln die ausgedehnten Wiesen bei Stiege, Strassberg oder Neudorf.

Schatzkammer und Schalke

Vom Klusfelsen über den Rammelsberg zum Schalke und nach Goslar

Der Ausflug führt in die geologische Umgebung der Stadt Goslar. Hauptziel ist der Rammelsberg, der als Schatzkammer über ein Jahrtausend das Schicksal der Stadt bestimmt hatte. Höhepunkt der Wanderung ist der 762 m hohe Schalke.

DIE WANDERUNG IN KÜRZE

+++
Anspruch

6.30 Std.
Gehzeit

26 km
Länge

Charakter: Leichte Tageswanderung mit Gipfelbesteigung auf fast durchweg guten Wegen. Einzelne Wegstrecken, besonders die Pfade durch das Gelände des Communion-Steinbruchs am Rammelsberg, sind bei feuchten Witterungsbedingungen nicht ungefährlich.

Wanderkarte: Topographische Karte 1 : 50 000 mit Wanderwegen: »Wandern im Westharz«

Einkehrmöglichkeiten: Ausflugslokal Maltermeisterturm, Gasthaus Auerhahn, im Gosetal Gasthaus und Hotel Sennhütte

Anfahrt: Mit dem Kfz: Bis Parkplatz auf und an dem Osterfeld. **Mit dem Bus:** Bushaltestelle AQUANTIC; Rückfahrt mit Buslinie 830 von Auerhahn bzw. Sennhütte zum Bahnhof Goslar fast stündlich, dort zum Osterfeld umsteigen. Bei der Anreise **mit der Bahn** verlängert sich der Weg um ca. 1,5 km. Er führt dann vom Bahnhof Goslar über die Mauerstraße, das Breite Tor und die Okerstraße zum Reiseckenweg. Dort biegt im Scheitelpunkt der Kurve die zum Klusfelsen und zum Parkplatz Osterfeld führende Straße mit gleichem Namen nach links ab.

Hinweise: Lohnend ist eine Besichtigung des Besucherbergwerks Rammelsberg.

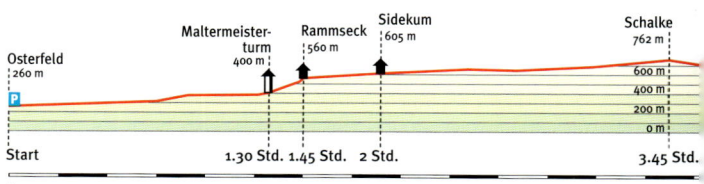

16

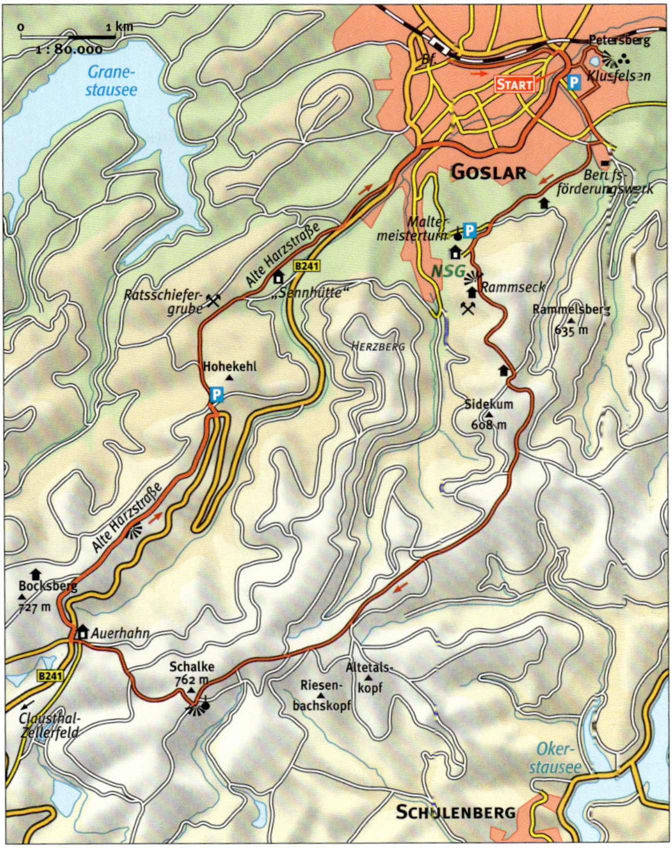

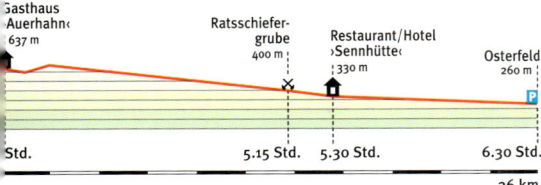

Startpunkt unserer Wanderung ist der **Parkplatz Osterfeld.** Von seinem nördlichen Rand, der Straße Osterfeld, biegt man nach links auf die Straße Petersberg ab, die als

Sackgasse endet. Linker Hand am Wendehammer führt ein Weg über eine Rechtskurve in Serpentinen zum **Klusfelsen** (kreidezeitlicher Sandstein, ca. 110 Millionen Jahre

Geschädigte Fichten im Oberharz

alt) hinauf. Diese geologische Sehenswürdigkeit ragt um etwa 30 m aus ihrer Umgebung auf. Verwitterung und Abtragung haben den als Härtling anzusehenden Klusfelsen im Laufe der Zeit als widerständige Partie des Sandsteins herausgearbeitet und zurückgelassen. Der mittel- bis grobkörnige, grünliche Sandstein wurde beim Aufbau der Stadt Goslar als Werkstein für feinere Steinmetzarbeiten geschätzt. In dem Felsen existiert schon seit 1065 eine kleine **Felsenkapelle.**

Es gibt zwei Gründe, noch weiter auf den 275 m hohen **Petersberg** hinaufzusteigen: Erstens kann man unterhalb des Gipfelplateaus einen schönen Ausblick auf das Stadtzentrum mit der Kaiserpfalz (von links nach rechts), der Marktkirche, St. Stephani, der Jacobikirche, der Neuwerk-Kirche und dem Breiten Tor genießen; zweitens trifft man auf der Höhe auf 1871 freigelegte Mauerreste des 1050 von Heinrich III. gestifteten Chorherrenstiftes St. Peter. Nach der Zerstörung der Kirche im Jahre 1527 wurde die Ruine als Steinbruch genutzt.

Es geht nun auf dem gleichen Weg wieder zum **Osterfeld** zurück, wo wir dann nach links auf die Schützenallee abbiegen und allmählich die Stadt verlassen. Die Straße steigt leicht an. Vor den Gebäuden des Berufsbildungswerks Goslar muss man am Zaun rechts in den Wald abbiegen, quert einen kleinen Graben, begibt sich nach links auf einen asphaltierten Weg und folgt der Markierung grüner Kreis bis zum Waldrand, wo etwa die Grenze zwischen dem Vorland und dem Mittelgebirge Harz verläuft. Bezogen auf die geologischen Verhältnisse bedeutet das, dass das Alter der Gesteine dort sprunghaft um etwa 285 Millionen Jahre zunimmt. Der Wechsel der geologischen Verhältnisse im Untergrund wird auch durch die Änderung des Pflanzenbewuchses angezeigt. Auf dem nährstoffarmen Sandstein-Untergrund in den unteren Partien wachsen in einem beträchtlichen Umfang anspruchslose Kiefern. Die geologisch älteren Partien sind mit Laubwald bestanden. Am Wegrand werden – leider ohne erläuternde Beschriftung – Gesteinsblöcke aus der Umgebung gezeigt.

Der Weg endet in Höhe eines Parkplatzes an der Zufahrtsstraße zum Maltermeisterturm. Wir queren Straße und Parkplatz und erreichen nach 400 m den Turm mit seinem Ausflugslokal. Der **Maltermeisterturm** (1.30 Std.) ist das älteste Gebäude auf dem ehemaligen Bergwerksgelände. Wahrscheinlich entstand er um 1300. Malter ist ein altes Raummaß für Holz und entspricht etwa zwei Festmetern. Der Maltermeister war für die Ausgabe und das Maltern des Brandholzes verantwortlich. Wir queren die Zufahrtsstraße am Turm und benutzen den an der Informationstafel beginnenden Schotterweg, der sich in Serpentinen mit manchmal rutschigen Passagen durch das Blockhalden-Naturschutzgebiet des Communion-Steinbruches zum Rammseck emporschlängelt. Zwei Verebnungen mit freier Sicht gestatten einen schönen Ausblick auf das historische Goslar. Im Steinbruch wurde früher das Versatzmaterial zur Verfüllung der Hohlräume im Erzbergwerk Rammelsberg gewonnen.

Nach einem Höhengewinn von fast 200 m ist der 560 m hoch gelegene Aussichtspunkt **Rammseck** (1.45 Std.) erreicht. Die Mühen des Anstieges werden durch die schöne Aussicht auf Goslar, das Harzvorland und den 762 m hohen Schalke entlohnt.

›Schalke-Fans‹ haben noch eine Strecke von etwa 7,5 km bis zu dessen Gipfel vor sich. Nun führt der Weg (23A grüner Kreis im Dreieck) am steilen Oberhang zur Waldschrat-Hütte hinauf. Wir folgen diesem Weg bis zum Ende, biegen nach rechts ab und stehen nach 100 m vor der **Hütte am Sidekum** (2 Std.). Die Route verläuft nun weiter durch eine offene Waldlandschaft mit zeitweiliger Sicht auf den etwa 15 km entfernten Brocken. Dabei müssen wir nach dem Aufbruch an der Hütte darauf achten, dass wir in Richtung Hochfläche des Sidekums den linken Weg benutzen (Pfahl mit Wegweiser auf der rechten Seite). Nun beginnt ein sanft ansteigender Höhenweg, der sich nach etwa 1 km weiter oberhalb verzweigt. Wir halten uns an dem noch 5 km vom Schalke entfernten Punkt rechts (7K grüner Kreis im Dreieck) und bewegen uns nun auf der Wasserscheide zwischen dem Berg- und dem Okertal durch eine bewaldete parkähnliche Umgebung.

An der **Wegspinne** 3,5 km oberhalb der Gabelung wird der Weg 7K von dem Weg 5K mit dem roten Dreieck als Markierung abgelöst. Der Weg steigt nun stärker zum 2 km entfernten Schalke an. Auf dem Gipfel des **Schalke** (3.45 Std.) beherrscht der Brocken die Szenerie am Horizont, aber auch Bruchberg, Acker und Wurmberg sind leicht zu identifizieren. Fast in den Vordergrund gerückt ist das 5 km entfernte Clausthal-Zellerfeld. Ernüchternd wirken die vierfach eingezäunten militärischen Anlagen auf dem Gipfelplateau.

Der Abstieg erfolgt über eine Asphaltstraße zum **Gasthaus Auerhahn** (4 Std., Weg 1F rotes Dreieck), das nach knapp einer halben Stunde am Ende der Straße auftaucht. Dieses 1675 erbaute Haus liegt an der ›Passhöhe‹ der Alten Harzstraße, der mittelalterlichen Handelsstraße Goslar–Clausthal Zellerfeld–Osterode. Es diente ursprünglich dem Herzog von Braunschweig als Jagdhaus, wurde aber bald zu einer Raststätte für die Kutscher und Reisenden von Goslar. Vom Wandern gesättigte Aussteiger haben hier die Möglichkeit, mit dem Bus nach Goslar zurückzufahren.

Wir setzen die Wanderung zurück nach Goslar über die **Alte Harzstraße** fort (heute Wanderweg 8D blaues Kreuz), benutzen die **B 241** für etwa 150 m in Richtung Goslar und steigen dann in Höhe des **Blockhauses** nach links den asphaltierten Weg bergan. An der Kehre gehen wir geradeaus weiter und an einer Schranke vorbei. Der Anstieg ist etwa 1 km nach seinem Beginn an der B 241 geschafft. Kurz darauf öffnet sich der Wald. Dabei können wir in das Bergtal schauen und sehen auf der gegenüber liegenden Seite unseren Anstiegsweg zum Schalke. Bald nähert sich der Weg wieder der B 241.

Wir passieren eine Schranke und wenig später hinter dem Scheitelpunkt einer Kurve den **Parkplatz Hohekehl**. Auf unserem Weiterweg halten wir uns hinter dem Freige-

lände mit den Halden rechts und erreichen nach 800 m das Gelände der **Ratsschiefergrube** (5.15 Std.), wo man in Höhe einer Informationstafel in das Grubengelände blicken kann. Dort wurde die Dachschiefergewinnung bereits im 14. Jh. aufgenommen. Die Stadt Goslar unterhielt den Abbaubetrieb vom 16. Jh. bis 1867.

Der Bahnhof Goslar ist von diesem Punkt noch 4 km entfernt. Müde Wanderer können von der Haltestelle Sennhütte mit dem Bus nach Goslar zurückfahren. Sie müssen nur noch etwa 800 m den Hang hinuntergehen.

Wir setzen den Weg auf der Alten Chaussee fort, müssen uns an der Weggabelung links halten, nähern uns schließlich über die B 241 **Goslar** und können den Weg durch die Innenstadt über die Clausthaler Straße, die Bergstraße, den Marktplatz, die Kornstraße und die Abzuchtstraße zum **Parkplatz Osterfeld** (6.30 Std.) wählen oder den Bus von einer Haltestelle direkt am Ende der Alten Harzstraße benutzen.

Rammelsberg, tausendjähriges Bergwerk

Mit der Einstellung der Erzförderung in der im Jahre 1988 geschlossenen Grube Rammelsberg ging ein Kapitel der Bergbaugeschichte zu Ende, das von seiner Dauer her als einzigartig auf der ganzen Welt angesehen werden kann. Über 1000 Jahre bauten Bergleute am Harzrand im Rammelsberg bis in etwa 600 m Tiefe in zwei Lagern Blei-, Zink- und Kupfererz ab. Dass sich der Erzbergbau ein Jahrtausend lang auf den Rammelsberg konzentrieren konnte, lag an der außerordentlich großen Anrei-

Das Mundloch des Roederstollens am Fuß des Rammelsberges

cherung der Erze im Gestein. Es empfiehlt sich, den als Besucherstollen ausgebauten Roederstollen am Rammelsberg zu besuchen. Sehenswert sind die berühmten, sehr bunten Rammelsberger Vitriole. Sie haben sich in den alten Stollen aus Tropfwässern nach Durchsickerung aus dem stillgelegten Erzabbau abgeschieden.

Die offizielle Eröffnung des Erzbergbaus erfolgte am Erzgang des Alten Lagers unter Kaiser Otto I. im Jahre 968. Nach der Sage soll der Ritter Ramm die Lagerstätte entdeckt haben, als sein Pferd Erz freischarrte. Die Fundstelle wurde zu Ehren ihres Entdeckers Rammelsberg benannt.

›Kleine Brocken‹ im Oberharz

Felsburgen über dem unteren Okertal

Die Wanderung führt in eines der bekanntesten und auch schönsten Täler des Harzes, in das Okertal. Im Vordergrund steht die Granit-landschaft mit ihren ungewöhnlichen und pittoresken Klippen und Felsburgen oberhalb der Oker.

DIE WANDERUNG IN KÜRZE

++
Anspruch

4.30 Std.
Gehzeit

19 km
Länge

Charakter: Mittelschwere, längere Mittelgebirgswan-derung mit einem steileren und daher etwas be-schwerlicheren Anstieg zu den Ahrendsberger Klippen. Er erfordert stel-lenweise Trittsicherheit. Die Route verläuft sonst über leichte Pfade bis Forst-straßen.

Wanderkarte: Topographi-sche Karte 1 : 50 000 mit Wanderwegen: »Wandern im Westharz«

Einkehrmöglichkeiten: Gasthaus Kästehaus, Gaststätte Romkerhalle

Anfahrt: Mit dem Kfz: Von Goslar bzw. Bad Harzburg oder aus dem Süden über die B 498 von Altenau. **Mit dem Bus:** mit Buslinie 861 von Altenau, St. Andre-asberg, Goslar; Rückfahrt ebenfalls mit Linie 861 von der Okertalsperre oder Romkerhalle zurück nach Oker, Waldhaus möglich.

Der Ausgangspunkt der Wanderung liegt etwa 150 m oberhalb des **Gast-hauses Waldhaus** nach Querung der Oker am **Parkplatz** bzw. bei der südlich der Ortschaft Okertal gele-genen Bushaltestelle. Dort bege-ben wir uns nach links auf den tal-wärts verlaufenden Forstweg (6K blaues Dreieck) und biegen nach

etwa 300 m nach rechts ab auf eine in das Teufelstal, ein Seitental der Oker, führende Forststraße. Wir fol-gen der Tiefenlinie und passieren nach etwa 200 m auf der linken Seite eine Schranke. Der Weg führt nach rechts auf die ansteigende **Alte Harzstraße,** eine Forststraße, die erst vor der Käste wieder verlas-

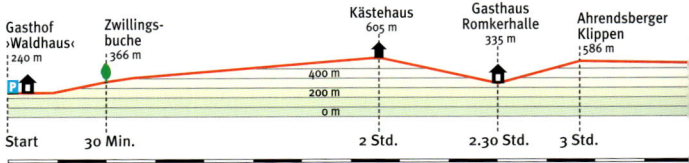

Gasthof ›Waldhaus‹ 240 m	Zwillings-buche 366 m		Kästehaus 605 m	Gasthaus Romkerhalle 335 m	Ahrendsberger Klippen 586 m

400 m
200 m
0 m

Start | 30 Min. | 2 Std. | 2.30 Std. | 3 Std.

sen wird. Sie führt durch ein Gelände mit lehmigem Granitblockschutt und Fließerde an den Hängen. Der Schutt geht in den oberen Hangpartien in eine dichte Blockbedeckung über. In weiten Kurven zieht die Forststraße den Hang des Hinteren und des Vorderen Ziegenrückens hinauf. Nach der ersten Abzweigung, an der wir uns rechts halten müssen, bleiben wir bei allen weiteren Abzweigungen bis zur Kehre mit der **Zwillingsbuche** (30 Min.) auf der linken Seite. Auf den nun folgenden oberen Partien der Ziegenrücken treten die im Untergrund anstehenden Gesteine zu Tage.

Unübersehbar sind die Formen des Granits mit Felsburgen oder Blockhaufen. Sie geben schon einen gewissen Vorgeschmack von den Felsgebilden, die uns auf der Höhe erwarten. Unscheinbarer sind da schon die Formen des Kontaktgesteins zum Granit, des Hornfelses, mit kleineren kantigen Blöcken auf dem Vorderen Ziegenrücken. Auf solchem Gesteinsuntergrund gedeiht dann außer dem Fichtenwald auch Laubwald mit zum Teil schönen Buchenbeständen. Die Wegmarkierung ist spärlich und beschränkt sich nur auf die wichtigen Stellen. Wir steigen weiter die Forststraße hinauf, passieren die **Schutzhütte Okertal** und ignorieren im anschließenden Kuhschiedental einen nach links abzweigenden

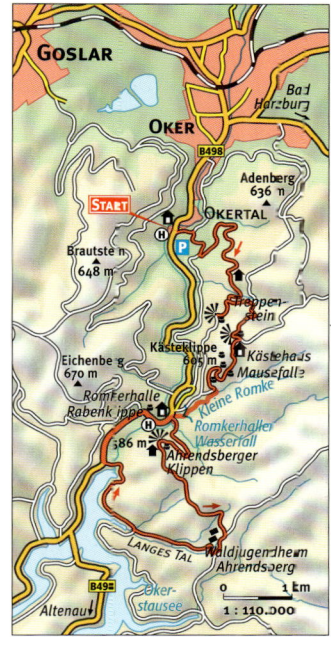

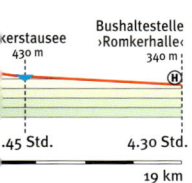

Weg zur Käste. Wir queren den Bach und gehen den Talbogen bis zu einer spitzen Kehre an einem Sporn aus.

Dort können wir die Forststraße zu einem **Abstecher** verlassen und benutzen den Weg in Richtung Romkerhalle. Nach dem Queren des Tränketals taucht auf der rechten Seite die Felsburg des **Treppensteins** auf. Auf gesichertem Steig begeben wir uns zur Aussichtsplattform. Im Norden erstreckt sich quer zum Okertal der Sudmerberg bei Goslar. Aus den bewaldeten Höhen ragt im Südwesten der 670 m hohe Eichenberg heraus.

Wir kehren zur 500 m entfernten Forststraße zurück und steigen nun nach rechts hinauf bis zur **Bushal-**

testelle **Kästeklippen.** Dort sehen wir schon das Kästehaus vor uns liegen und gehen die etwa 200 m auf das Gasthaus zu und steigen unmittelbar davor nach rechts zur **Kästeklippe** (605 m, 2 Std.) auf. Von den wollsackförmigen Felsen blickt man hinab in das Okertal und auf den am Talausgang gelegenen Ort Oker. Bei guter Sicht ragt aus dem Vorland der Hatliberg bei Vienenburg heraus. Auffälligste Felsform ist das ›Gesichtsprofil‹ der ›Alten vom Berge‹.

Die Landschaft oberhalb der Oker hat noch weitere ›Skulpturen‹ aus Granit zu bieten. Auf dem Abstieg zum Okertal (23 B gelber Kreis) begegnen wir der ›Hexenküche‹, der ›Mausefalle‹, einem Wackelfelsen mit zerbrechlicher Unterlage, und der ›Feigenbaumsklippe‹. Vor dieser Felsform verlassen wir das Granitgebiet über einen Waldweg nach rechts. Dass wir hierbei auf Granit wandern, zeigt sich an der Oberfläche des bisweilen steilen und und schließlich steinigen Pfades.

Auf dem Forstweg angelangt, biegen wir nach rechts ab, gehen unterhalb eines Gesteinsaufschlusses (Kieselschiefer) und der Kehre geradeaus weiter und stehen nach etwa 500 m vor der Fallstufe des **Romkerhaller Wasserfalles.** Hier stürzt das Wasser der Kleinen Romke als künstlicher Wasserfall in ein Becken. Der 50 m hohe Felsen des Wasserfalls besteht aus gefaltetem Kalkstein. Von der Fallstufe führt dann ein Weg nach rechts hinab in das Okertal zum **Gasthaus Romkerhalle** (2.30 Std.).

Nach einer Stärkung im Gasthaus nehmen wir den fast alpinen Anstieg zum Großen Ahrendsberg mit den Ahrendsberger Klippen in Angriff. Wir passieren den Wasserfall

und gehen auf das Gebäude des **Wasserwerkes** zu, wo ein Wegweiser auf den Wanderweg 17L (roter Kreis), einen Pfad, am Hang hinter dem Gebäude hinweist. Wir queren den Bach und steigen in Serpentinen (etwa 60 Höhenmeter) den Hang hinauf, um dann auf einem weniger steilen Wegstück parallel zum Talverlauf etwa 500 m weit in das Große Romketal hineinzugehen. Nach einer Kehre steigen wir nach rechts etwa 1 km lang den Pfad in vielen Windungen bis zur Basis der Ahrendsberger Klippen hinauf. Vor uns erhebt sich über einem alten Betonfundament eine etwa 10 m hohe Felswand. Vor dieser müssen wir scharf nach links den steilen Hang hochgehen (keine Markierung). Der z. T. unbequeme und steile, bei Regen sicherlich auch rutschige, 400 m lange Pfad führt direkt zur Aussichtsplattform oberhalb der **Ahrendsberger Klippen** (3 Std.) und zur Schutzhütte. Die Felsen bestehen im Gegensatz zu den bisher aufgesuchten Felsformen aus verfestigtem Sedimentgestein.

Die Verschnaufpause bietet Gelegenheit, den Ausblick zu genießen. Über dem Romkertal und dem Wasserfall ragen aus dem gegenüberliegenden Höhenrücken die von uns besuchten Granitklippen heraus. Auf der linken Talseite erheben sich unübersehbar der Eichen- und der Große Wiesenberg. Von der Hütte führt uns der fast horizontal verlaufende ›Klippenweg‹ durch Fichtenwald über die Höhen (17L roter Kreis) nach etwa 300 m als Forststraße zum 2 km entfernten **Waldjugendheim Ahrendsberg.** Das Jugendheim befindet sich in einer Ansammlung verschiedener Laubbäume, unter denen wir hier in

*Der Romkerhaller
Wasserfall*

einer Höhe um 550 m sogar Kastanien antreffen.

Der Weg zum Okerstausee hat nun
die Markierung rotes Dreieck (7E).
Wir bleiben noch etwa 300 m auf
der Höhe und biegen dann am **Verteiler** auf die asphaltierte Straße
nach rechts ab, die in einer Rechtskurve durch das Lange Tal zum
Okerstausee (3.45 Std.) hinabführt.
An dem nun beginnenden, etwa
1,5 km langen Uferweg erhält man
auf der rechten Seite einen Einblick
in die Gesteinsverhältnisse im Untergrund. Die anstehenden Gestei-

ne haben ein Alter zwischen 385
und 360 Mio. Jahren. In Höhe der
Staumauer, die 1956 fertig gestellt
wurde, kommen wir – leider unver-
meidlich – auf die Straße Oker-Alte-
nau, zugleich **Deutsche Ferien-
straße** (B 498).

Nach etwa 1,5 km erheben sich
gegenüber den Ahrendsberger Klippen die naturgeschützte Rabenklippe und die Birkenburg. Unsere
Wanderung endet an der **Bushaltestelle Romkerhalle** (4.30 Std.). Von
dort können wir die Rückfahrt antreten.

25

Tour 3

Pfade über spiegelnden Seen

Über den Stauseen des Granebaches und der Innerste zwischen Wolfshagen und Lautenthal

Der Weg über die Höhen macht durch einzelne Blicke in das Vorland bewusst, warum der westliche Harz Oberharz genannt wird. Matt schimmern wie Perlen die Wasserflächen des Grane- und des Innerste-Stausees herauf.

DIE WANDERUNG IN KÜRZE

++
Anspruch

6 Std.
Gehzeit

23 km
Länge

Charakter: Einfache Mittelgebirgswanderung auf vorwiegend guten Forstwegen und -straßen. Einzelne steilere Pfade nach Lautenthal können aber bei Feuchtigkeit rutschig werden und stellen dann Anforderungen an die Konzentration.

Wanderkarte: Topographische Karte 1 : 50 000 mit Wanderwegen: »Wandern im Westharz«

Einkehrmöglichkeiten: In Lautenthal und im Berghof am Innerste-Stausee

Anfahrt: Mit dem Kfz: Von Goslar über Astfeld. **Mit dem Bus:** Anreise mit der Linie 832 Hahnenklee, Langelsheim, Lautenthal, Goslar bis Ortsmitte.

Hinweise: Freibäder in Wolfshagen und Lautenthal laden zur Erfrischung nach der Wanderung ein.

Wolfshagen ist in einer parkartigen Beckenlandschaft gelegen. Die Wanderung beginnt am **Parkplatz Am Krähenbergsloch** im Borbergsbachtal in Nachbarschaft des Waldschwimmbades. Dort zweigt der Wanderweg 2S mit dem grünen Dreieck als Pfad durch den Buchenwald ab und steigt direkt von 280 m über

die Schutzhütte in 357 m bis zur Weggabelung in etwa 380 m an. Dort queren wir eine Forststraße und erreichen nach etwa 100 m einen Wegverteiler, von wo wir der auf der linken Seite abzweigenden **Sommerbergstraße** folgen.

Auf dem Weg durch den Wald passieren wir die Saukötental-Quelle

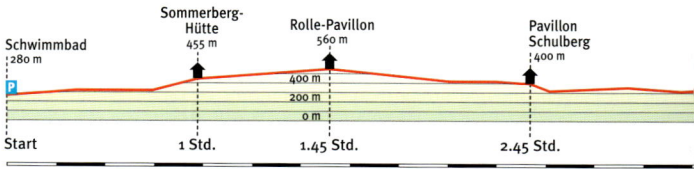

Schwimmbad
280 m

Sommerberg-Hütte
455 m

Rolle-Pavillon
560 m

Pavillon Schulberg
400 m

400 m
200 m
0 m

Start

1 Std.

1.45 Std.

2.45 Std.

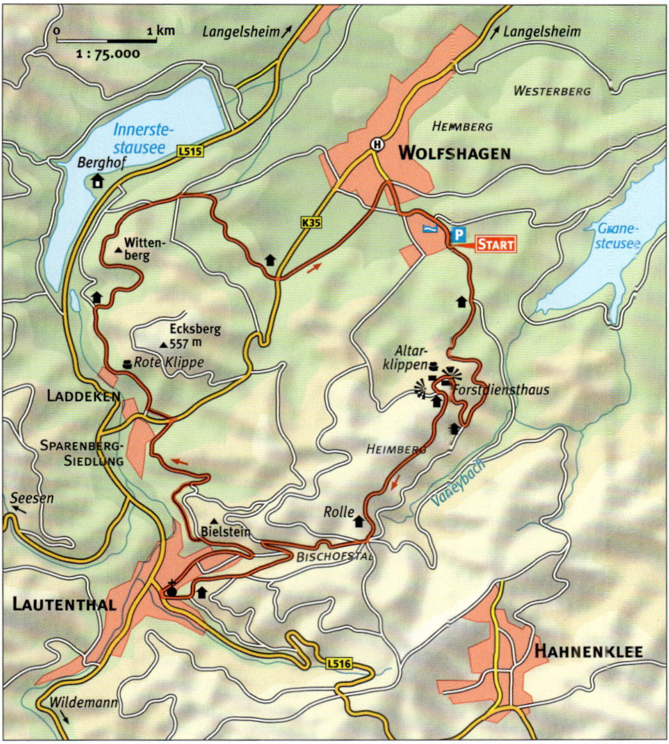

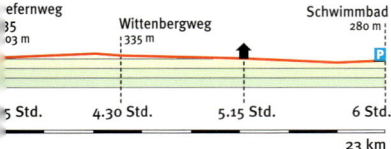

und biegen an der **Sommerberghütte** nach rechts ab. Es geht nun am Nordhang des Heimberges beständig bergan, bis nach einer Überhöhung von etwa 60 m in Spornlage auf einer Verebnung das **Forstdiensthaus an den Altarklippen** (1 Std.) auf der linken Seite sichtbar wird.

Wir steigen zu dem hüttenartigen Gebäude hinauf und sehen run unter uns die Umgebung von Wolfshagen. Nach dem kurzen Zwischenstopp gehen wir etwa 100 m bis zum Wegverteiler.

Geradeaus weiter führt ein kurzer Anstieg als **Abstecher** über den

27

Sporn zur **Blankenburg-Hütte** mit einem schönen Ausblick auf den etwa 200 tiefer gelegenen Granestausee und den am Harzrand gelegenen Ort Astfeld.

Zurück am Verteiler biegen wir dann auf der Forststraße rechts ab. Nun folgen wir dem grünen Kreuz des Weges 2V durch Laubwald am Südosthang des Heimberges, wo wir nach etwa 1,6 km am **Rolle-Pavillon** (1.45 Std.) rasten und die Landschaft betrachten können.

5 Min. später ist von einem Sattel, dem **Kreuzungspunkt Rolle** zwischen den Zuflüssen zum Granestausee und zur Innerste, der rechte Talweg (Goldhähnchenweg, 2K grüner Balken) zu benutzen. 500 m weiter unterhalb zweigt spitzwinkelig nach links ein Pfad mit dem Hinweis nach Lautenthal ab. Dieser Pfad mündet in eine Forststraße ein, von der wir das noch 2 km Wegstrecke entfernte Lautenthal unter uns liegen sehen. Auf dieser Straße steigen wir nach links hinab in das Bischofstal, queren den Bach und verlassen die Straße nach etwa 700 m spitzwinklig nach rechts über einen steileren Pfad.

Am Ausgang des Waldes gehen wir nun auf dem Weg in gleicher Höhe bis zu dem **Pavillon am Sporn** (2.45 Std.) zwischen dem Bischofs- und dem Lautental. Nun liegt der Ort Lautenthal unmittelbar vor uns. Unwillkürlich wird die Aufmerksamkeit auf die zum Greifen nahe Kirche des Ortes gelenkt. Es ist die zwischen 1649 und 1659 erbaute Paul-Gerhardt-Kirche mit weißem Gemäuer und barockem, schiefergedecktem Helm. Über einen etwa 300 m langen und etwas steileren Pfad begeben wir uns direkt zur **Kirche.** Nach einer Besichtigung gelangen wir links am Kircheneingang vorbei zum Marktplatz, wo die Möglichkeit zur Einkehr in eines der in der Nähe befindlichen Gasthäuser genutzt werden sollte.

Die Fortsetzung des Weges führt durch die Straße Bischofsthal, im 16. und 17. Jh. ursprünglich ein Pilgerpfad zu den Altarklippen am Heimberg. Die Straße trifft direkt auf den durch das Innerstetal führenden Talweg (anfangs 2T, blauer Balken), der am Westhang des Bielstein zum Dölbetal hinaufzieht. Er beginnt an der Brechelt-Quelle.

Wir gehen diesen langen Talbogen aus und gelangen auf die Verbindung zum nächsten Tal, an dessen Ausgang sich die **Sparenberg-Siedlung** ausbreitet. Unsere Route führt auf einer Forststraße über den Wohnhäusern vorbei. Der an die Bebauung angrenzende Wald wird von hohen Buchen geprägt, obgleich der durch ihn hindurchführende Forstweg ›Kiefernweg‹ heißt. Der **Kiefernweg** (3.45 Std.) endet in Höhe des Punktes 303 m an der Kreisstraße 35. Dort queren wir die Straße, steigen 50 m bergan und benutzen den dort in das Innerstetal führenden Waldweg (3 S, blaues Dreieck).

Wir nähern uns aber nicht dem Fluss, sondern ändern vor den Gebäuden von **Laddeken** die Richtung und gehen parallel zu den Hängen auf den mit Buchen bewachsenen Ecksberg zu. An der Stelle, an der sich das Tal verengt, tritt das Anstehende (Gesteinsuntergrund in weitgehend ursprünglicher Beschaffenheit) in der **Roten Klippe** zu Tage. Es sind rote, wegen ihrer zentimetergroßen Löcher an Schweizer Käse erinnernde Felsen. Ein weiterer Anstieg auf einer Forststraße bis zum Schottelius-Platz mit der Mandolinenhütte steht bevor. Lautenthal liegt 4 km hinter uns, das Ziel in Wolfshagen noch etwa 6 km vor uns. Durch einzelne Baumlücken hindurch ist von diesem Platz der Anfang des Innerste-Stausees zu erkennen.

Wer die 400 m entfernte zweite Rote Klippe und den See genauer betrachten und etwas für sein leibliches Wohl tun möchte, muss einen Umweg in Kauf nehmen und über einen steilen Pfad absteigen. Der Berghof am See ist noch 1,8 km entfernt (etwa 1,5 km zusätzliche Wegstrecke).

Wir verzichten auf den Abstecher und setzen die Wanderung durch schönen Buchenwald fort, passieren den **Wittenberg** auf dem Wittenbergweg (4.30 Std.) und biegen an einer Kreuzung nach etwa 2 km zunächst rechts und dann nach etwa 100 m wieder links ab. Der Pfad (3T blauer Balken) verläuft durch das Quellgebiet von Seitenbächen der Innerste.

Der Wald löst sich in der Nähe von Wolfshagen in einzelne Parzellen auf. Wir gehen nun nach rechts und folgen dem Wegzeichen »blauer Balken«, gehen zunächst über einen Pfad und wandern dann über eine schmale Asphaltstraße durch eine Parklandschaft mit sehr schönen alten Eichen und vor allem Buchen. Vor der K 35 bietet ein Rastplatz mit **Schutzhütte** (5.15 Std.) noch einmal die Gelegenheit, vor der Rückkehr nach Wolfshagen eine Pause einzulegen. Wir queren die Kreisstraße und finden die Fortsetzung des Weges direkt auf der gegenüberliegen-

den Seite, müssen aber einen kleinen Umweg um eine im Weg stehende Gehölzgruppe in Kauf nehmen. Nach 1 km ist der Ortsrand von **Wolfshagen** erreicht. Wir queren die Kreuzallee und treffen auf den Triftweg, über den wir dann auf die rechte Nebenstraße Am Borbergsbach gelangen. Sie führt uns zurück zu unserem Ausgangspunkt am **Parkplatz Am Krähenbergsloch** (6 Std.), wo im Sommer das Waldschwimmbad sicherlich die erwünschte Erfrischung bringt.

Lautenthal

Erstmals werden im 12. Jh. Bergleute auf der Suche nach Erzer bis in das Gebiet von Lautenthal vorgedrungen sein. Die früheste urkundliche Erwähnung Lautenthals stammt aus dem 13. Jh. In gleicher Zeit schmolzen bereits im Lautenthaler Grubenfeld Hütten im Rammelsberg gefördertes Erz. Nach größeren Erzfunden im 15. Jh. erteilte Herzog Heinrich der Jüngere von Braunschweig-Wolfenbüttel die Rechte zur Gründung der freien Bergstadt Lautenthal (1538). Kernbetrieb der Bergbauunternehmen war die um 1600 gegründete Grube Lautenthals Glück. Die Erzgewinnung wurde im Jahre 1957 eingestellt, wobei nach dem Kriege nur noch auf Haldererze zurückgegriffen wurde. Die Lautenthaler Silberhütte stellte ihren Betrieb 1988 ein. Heute ist Lautenthal ein Luftkurort.

Tour 4

Stabkirche, Höhen und Teiche

Rund um den Luftkurort Hahnenklee im Oberharz

Mitten im Oberharz breitet sich auf einer Hochfläche der bekannte Kur- und Wintersportort Hahnenklee aus. Für Abwechslung in der durchweg recht ebenen Landschaft sorgen fast kuppenförmige Höhen, wie zum Beispiel der vielbesuchte 727 m hohe Bocksberg.

DIE WANDERUNG IN KÜRZE

+ Anspruch	**Charakter:** Leichte Wanderung auf guten Wegen (teilweise auf Straßenabschnitten) mit einer unbeschwerlichen Gipfelbesteigung.
2 Std. Gehzeit	**Wanderkarte:** Topographische Karte 1 : 50 000 mit Wanderwegen: »Wandern im Westharz«
8 km Länge	**Einkehrmöglichkeiten:** Gasthaus Bocksberg, Gasthaus Auerhahn, Hotel Kreuzeck, Café Egerland

Anfahrt: Mit dem Kfz: Aus dem Norden über Goslar, aus dem Süden über Osterode bis zum Großparkplatz Hahnenklee. **Mit dem Bus:** Linie 832 von Lautenthal, Langelsheim, Goslar und Linie 830 von Cl.-Zellerfeld und Bad Grund bis Haltestelle ›Post‹.

Die Wanderung beginnt im Osten von **Hahnenklee,** am **Parkplatz an der Stabkirche,** die fast genau auf der Wasserscheide zwischen dem nach Norden entwässernden und zum Granestausee aufgestauten Granebach und dem bereits auf der Höhe zu mehreren Teichen aufgestauten Grumbach gelegen ist.

Wir verlassen den Parkplatz an seiner Südostecke und begeben uns auf den **Liebesbankweg** (2L grüner Kreis). Erstes Ziel ist der 2,6 km entfernte Gipfel des Bocksberges. Wir steigen durch Fichtenwald an, der sich nach etwa 1 km öffnet. An Schneisen wird der Blick auf Hahnenklee und über die nördlichen Höhen bis in das Harzvorland frei. Zurückgezogen kann man die Landschaft von der oberhalb des Weges platzierten ›Liebesbank‹ genießen.

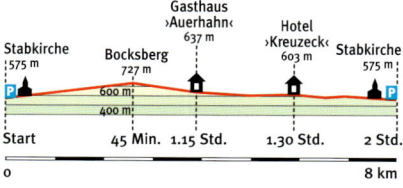

Stabkirche 575 m	Bocksberg 727 m	Gasthaus ›Auerhahn‹ 637 m	Hotel ›Kreuzeck‹ 603 m	Stabkirche 575 m

600 m
400 m

Start	45 Min.	1.15 Std.	1.30 Std.	2 Std.

0 ────────── 8 km

Die nächste Gelegenheit, sich niederzulassen, ist an der Hütte 50 m vor dem Güterweg auf den Bocksberg gegeben. In der mit Heidelbeersträuchern, Heidekraut und Fichten bestandenen Umgebung kann man über die Höhen hinweg bis in das Harzvorland mit Goslar, Astfeld und Jerstedt schauen.

Wir biegen nach rechts ab auf den asphaltierten Güterweg und gelangen nach 700 m Anstieg über den ›Nordostgrat‹ (8D blaues Kreuz) schließlich auf den Gipfel des **Bocksberges** (45 Min.). Vom Gipfel kann man das Panorama nur dann genießen, wenn der Zugang zum **Aussichtsturm** geöffnet ist. Ansonsten ist die Sicht durch Wald versperrt. Eine Entschädigung bietet vielleicht eine Einkehr in das vorhandene Gasthaus.

Wir verlassen den Gipfel wieder auf der asphaltierten Straße und biegen in Höhe der Hütte auf einen Pfad nach rechts ab, der auf der alten, von Goslar nach Clausthal-Zellerfeld führenden Harzstraße endet. Wir wenden uns dort nach rechts und befinden uns bereits nach etwa 200 m an der B 241 und der ›Pass-

höhe‹ mit dem **Gasthaus Auerhahn** (1.15 Std.).

Nun kann man sich entscheiden, ob man eine Rast einlegt oder sofort die Spur des Grumbaches aufnimmt. Auskunft über die Wegführung gibt eine Informationstafel auf dem westlichen Parkplatz. Der zweite Abschnitt der Wanderung führt nun durch die Teichlandschaft von Hahnenklee. Der Anblick des in eine flachhügelige Umgebung eingebetteten Auerhahnteiches verspricht einen landschaftlichen Genuss.

Von der **Informationstafel** begeben wir uns nach rechts auf den am Südosthang des Bocksberges verlaufenden Weg 1E. Bereits 600 m hinter dem Parkplatz steigen wir, dem grünen Dreieck (5C) folgend, in das Grumbacher Tal hinab. Mit einer Perlenkette vergleichbar reihen sich nun im Nadelwald verborgene Teiche aneinander. Sie begleiten uns fortan auf der rechten Seite auf dem Weg durch das Tal. In der Höhe des **Hotels Kreuzeck** (1.30 Std.) halten wir uns rechts, gehen am Zaun entlang und stoßen schließlich auf den Zugang zum Oberen Grumbacher

Stabkirche Hahnenklee

Teich und zum Café Egerland. Dort biegen wir nach links ab in den Wald, bis wir auf die **Staumauer** des Mittleren Grumbacher Teiches treffen, begeben uns über die Staumauer auf die andere Talseite und folgen nun dem blauen Kreuz als Wegmarkierung.

Jenseits der Mauer beginnt im Wald ein heimatkundlicher Pfad bis nach Hahnenklee. Wir passieren auf dem Weg aus dem Tal nach Hahnenklee die Überreste des ursprünglich 6000 m langen **Bockswieser Grabens.** Er wurde im Jahre 1609 angelegt und führte Wasser aus dem

Oberen Kellerhalserteich. Wir setzen den Anstieg fort.

Weiter oberhalb begleitet uns ein verfallener Graben. In der Höhe des Pumpwerks verzweigt sich der Weg. Geradeaus gelangen wir direkt zum Ausgangspunkt der Wanderung am **Parkplatz** (2 Std.). Geht man nach links am Sportplatz vorbei, trifft man in einer Entfernung von 150 m auf die über die Grenzen des Harzes hinaus bekannte **Stabkirche.**

Geheimnisvolle Kalksteinformen

Tropfsteinhöhle und Bergbau in der Umgebung von Bad Grund
Diese Wanderung hat auch bei Regenwetter ihre Reize. In den Wäldern leuchtet das Grün feuchter Moose besonders intensiv, und das Innerstetal büßt auch bei Regen nichts von seiner Schönheit ein.

DIE WANDERUNG IN KÜRZE

Anspruch +

Charakter: Leichte Wanderung auf guten Wegen, meistens Forstwege. Gefährlich ist der Aufenthalt außerhalb der Wege am Iberg. Es besteht Lebensgefahr im Bereich verstürzter Schächte.

2.30 Std.
Gehzeit

Wanderkarte: Topographische Karte 1 : 50 000 mit Wanderwegen: »Wandern im Westharz«

9 km
Länge

Einkehrmöglichkeiten: Gasthaus auf dem Iberg; in Wildemann

Anfahrt: Mit dem Kfz: Von Bad Grund bis zum Höhlen-Parkplatz am Iberg.
Mit dem Bus: Mit Linie 830 von Clausthal-Zellerfeld, Hahnenklee und Goslar bis Kurzentrum.

Sehenswürdigkeiten: Einen Besuch wert ist der 19-Lachter-Stollen in Wildemann. In der Iberger Tropfsteinhöhle findet die letzte Führung um 16.30 Uhr statt.

Ausgangspunkt ist der **Parkplatz im Teufelstal** am Südosthang des Iberges. Mit dem Verlassen des Parkplatzes begibt man sich in ein altes Bergbaugelände, wo seit dem Mittelalter nach Eisenerz gegraben wurde. Halden, verstürzte Schächte (Pingen) und Hohlwege künden noch immer von den damaligen Aktivitäten.

Zunächst steht ein Besuch der **Iberger Tropfsteinhöhle** (Dauer ca. 1 Std.) auf unserem Plan. Sie ist die einzige Tropfsteinhöhle im Oberharz und wurde im 16. Jh. von Bergleuten entdeckt.

Nach dem Besuch der Höhle führt die Route auf den Iberg. 100 m oberhalb des Höhlenausganges müssen wir vor einem großen Schild nach links auf den **A.-Bosche-Steig** abbiegen.

Der **Iberg** wird seinen Namen nach den früher auf seinen Hängen wachsenden Eiben erhalten haben. Heute ist er mit Buchenwald bestanden. Auf dem Boden breitet sich die typische Krautschicht eines kalkhaltigen Untergrundes aus bestehend aus Waldbingelkraut, Waldmeister, Salomonssiegel und Maiglöckchen.

Fast im Gipfelbereich weist ein Wegweiser auf Gletschertöpfe hin. An der Entstehung dieser Hohlformen waren nie Gletscher beteiligt, sondern einzig und allein das Regenwasser. Sie sehen bestenfalls bei viel Phantasie so aus, als seien sie das Ergebnis der Arbeit des fließenden Wassers mit seiner Sedimentfracht.

Auf dem **Gipfel** des Iberges angekommen, sollte man zur besseren Aussicht auf den **Iberger Albert-Turm** (30 Min.) steigen. Im südlichen Vordergrund zwängt sich Bad Grund in das Tal des Schlungwassers. Quer dazu ragen die Höhen des Harzvorlandes mit den Gipsbrüchen bei Osterode auf. Weit dahinter sind am Horizont die Umrisse des Hohen Meißners zu erkennen. Im Nordosten erscheint der Brocken zum Greifen nahe.

Nach der Besteigung des Turmes kann der Wissensdurstige auf einem 1,5 km langen Wald-Quiz-Pfad seine botanischen Kenntnisse erweitern. Wer lieber eine kleine Rast einlegen will, kann das in der **Waldgaststätte** tun. Nach der Pause verlassen wir dieses Haus, gehen nach rechts und begeben uns dann, nach links abbiegend, auf die **Forststraße** (Turmweg). Sie führt durch Fichtenwald zum Sattel zwischen Iberg und Hasenberg, zur **Spinne.**

Trotz des recht freien Geländes ist nur ein Ausblick nach Westen möglich. Im Vordergrund schimmern die Wände des alten Grubengeländes in der Mittagssonne, im Hintergrund zeigen sich die bewaldeten Höhen des Sollings.

Hinter der Spinne geht es über einen Forstweg geradeaus weiter und

bergan über den **Hasenberg.** Am Ende dieses Weges, etwa 700 m hinter dem **Gipfel** (Moltkes Warte), biegen wir rechts ab (5A blaues Kreuz). Der Weg verläuft nun über einen 2 km langen Sporn mit den Etappen **Tillyschanze** (1 Std.) und Köppelplatz nach Wildemann. Es geht durch Jungfichtenwald.

Nach der Querung des **Köppelplatzes** begleiten uns geradeaus durch den Wald führende Hohlwege. An der Gabelung kurz vor dem Verlassen des Waldes wählt man den linken Weg. Nach Norden wird nun die Sicht in das Innerstetal und den darüber aufragenden Bocksberg und Schalke frei.

Auf dem letzten Teil des Sporns, dem **Gallenberg,** umgibt uns eine reizvolle Berglandschaft, in die sich die Innerste mit ihren Mäanderbögen tief eingeschnitten hat. Die letzten 500 m des Weges über die Höhen beginnen an einer Wegkreuzung mit einer Schutzhütte im Süden. Wir nähern uns nun der Kirche von **Wildemann** (1.30 Std.) auf einem Wiesenpfad und verlassen den Gallenberg über seinen östlichen Rand über eine Treppe.

Hier müssen wir uns nach rechts wenden, um auf den Bohlweg zu gelangen, der in Höhe des »19-Lachter«-Stollens im Tal endet.

Auf dem Rückweg zum Iberg folgen wir dem Lauf der Innerste über die Clausthaler Straße bis in Höhe der **Bushaltestelle** am Ausgang des

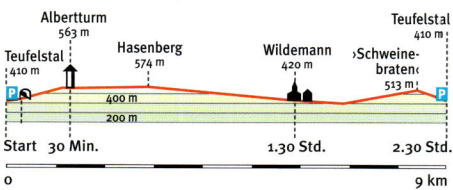

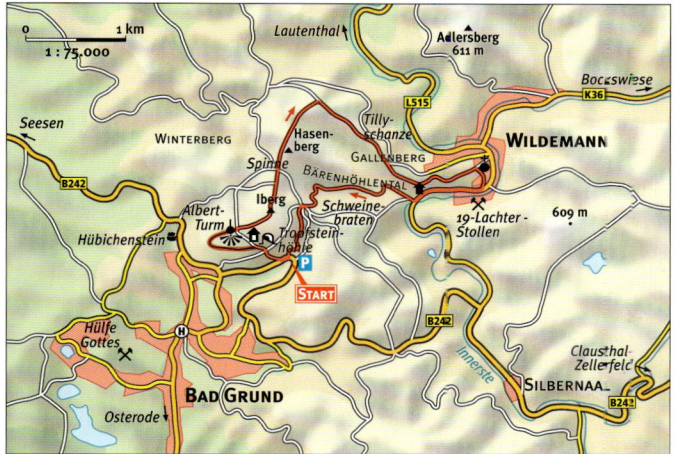

Gittelschen Tales. Vor der Brücke (7B grünes Dreieck) biegen wir rechts ab und passieren eine Kneipp-Einrichtung; nun geht es auf einer leicht ansteigenden Forststraße durch den hohen Fichtenwald des Bärenhöhlentals in Richtung Kreuzungspunkt Schweinebraten. Dabei müssen wir rund 110 m Höhenmeter überwinden.

400 m nach dem Verlassen des Innerstetals bleiben wir auf der Forststraße, biegen nach links ab und queren den Bach. Wir steigen weiter auf, gehen dann über den ›**Schweinebraten**‹**-Platz** und benutzen den rechts neben der Asphaltstraße abzweigenden Pfad, der, begleitet von Hohlwegen, an einem Zaun entlang durch ein Tälchen zum **Parkplatz** im Teufelstal (2.30 Std.) führt.

Bad Grund und der Iberger Bergbau

Der Iberger Bergbau war einer der ältesten im Westharz. Vermutlich war das Tal von Grund seit 900–1000

n. Chr. besiedelt. Die sog. Fünftälerstadt Bad Grund wird namentlich 1317 zum ersten Mal als Waldarbeitersiedlung urkundlich erwähnt und entwickelte sich vom 15. bis 16. Jh. zum Bergbau- und Hüttenstandort ›Im Grunde‹. 1532 erhielt Grund die Stadtrechte. Es blieb nicht von der Not und dem Elend des Dreißigjährigen Krieges verschont. In den Jahren 1626 und 1631 wurde es von plündernden und brandschatzenden kaiserlichen Truppen heimgesucht. Die Folge war eine weitgehende Verarmung und Stagnation des Bergbaus. Nach der zweiten Wiederaufnahme der Grube ›Hülfe Gottes‹ am Totdemannsberg 1831 setzte eine allmähliche Aufwärtsentwicklung der Grube ein. Sie förderte seit 1839 bis zu ihrer Stillegung 1992 ununterbrochen Blei-Zink-Erze. 1855 wurde der Kurbadebetrieb aufgenommen.

Im Land der Teiche

Rund um die alte Bergbaustadt Clausthal-Zellerfeld

In kaum einem deutschen Gebirge wird man so viele Teiche auf der Höhe antreffen wie in der Umgebung von Clausthal-Zellerfeld. Sie sind Überreste der Bergbau-Epoche im moorreichen, aber von Natur aus seearmen Harz. Es ist eine faszinierende Teichlandschaft.

DIE WANDERUNG IN KÜRZE

++
Anspruch

4.30 Std.
Gehzeit

17 km
Länge

Charakter: Leichte Höhenwanderung auf guten Pfaden und Wegen mit Abstecher in das Innerstetal. Von dort steiler Anstieg zur Stadt.

Wanderkarte: Topographische Karte 1 : 50 000 mit Wanderwegen: »Wandern im Westharz«

Einkehrmöglichkeiten: Waldhotel Pixhaier Mühle, Gasthof Untere Innerste

Anfahrt: Mit dem Kfz: Aus dem Norden über Goslar und aus dem Süden über Osterode. **Mit dem Bus:** Mit Linie 830 von Hahnenklee, Goslar; Linie 831 von Osterode; Linie 840 von St. Andreasberg, Altenau bis Kronenplatz

Sehenswert: Für Geologie-Interessierte lohnt sich ein Besuch der Sammlung »Harzgeologie« im Institut für Geologie und Paläontologie der Technischen Universität Clausthal und des Oberharzer Bergbaumuseums.

Der Wanderweg beginnt an der **Marktkirche** von **Clausthal**. Die Route führt nach Südosten, der Markierung 9A blauer Balken folgend über die Schulstraße und Leibnitzstraße durch das Hochschulgebiet zum **Geologischen Institut** an der Arnold-Sommerfeld-Straße, wo sich vor dem Institut ein im Jahre 1971 angelegter Gesteinslehrpfad befindet. Dort können die wichtigsten Gesteine des Westharzes in Form großer Blöcke studiert werden. Wir setzen die Wanderung über die Arnold-Sommerfeld-Straße und einen anschließenden Pfad zur B 242 fort und erreichen nach etwa 50 m einen mit alten Ahornbäumen gesäumten Pfad.

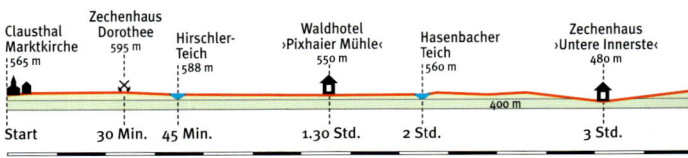

Clausthal Marktkirche 565 m	Zechenhaus Dorothee 595 m	Hirschler-Teich 588 m	Waldhotel ›Pixhaier Mühle‹ 550 m	Hasenbacher Teich 560 m	Zechenhaus ›Untere Innerste‹ 480 m
Start	30 Min.	45 Min.	1.30 Std.	2 Std.	3 Std.

400 m

0

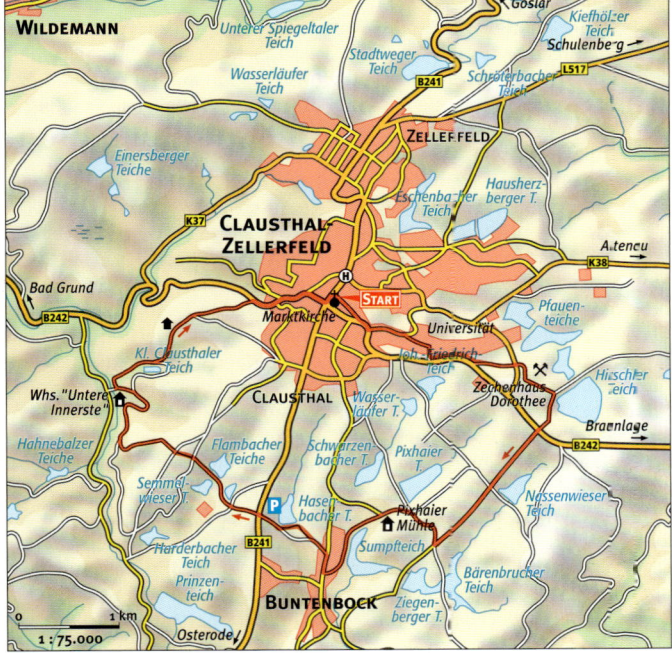

Nach einer Linkswende bewegen wir uns parallel zur Bundesstraße über ein altes Bergwerksgelände. Wie man auf Schautafeln erfahren kann, wurde hier vom 17.–19. Jh. Erz aus einer Tiefe von bis zu 720 m gefördert. Nach etwa 400 m endet dieser Pfad an der K 39. Wir queren die Straße, gehen 80 m nach rechts und biegen nach links auf das Gelände mit dem **Zechenhaus Dorothee** (30 Min.) ab. Vor dem Universitätssportplatz biegen wir rechts ab

und passieren das Waldgelände zum **Hirschlerteich** (45 Min.).

Damit begeben wir uns in das Gebiet der Teiche, die die Stadt Clausthal-Zellerfeld umsäumen, und haben direkt einen der größten vor uns. Von dessen **Staumauer** begeben wir uns nach rechts (70 grüner Kreis) in den Wald. Nach etwa 300 m endet der zum Teil wurzelreiche Pfad an der B 242.

Wir queren die Bundesstraße und legen auf der asphaltierten Straße nach Buntenbock 1,6 km bis in die Höhe des **Bärenbrucher Teiches** zurück, wo wir nach rechts abbiegen, um an einem Campingplatz vorbei zum **Pixhaier Teich** zu gelangen. Unterhalb der Staumauer, wo wir an einer Gabelung den linken Weg beschreiten, gelangen wir nach etwa

Clausthal
Marktkirche
565 m

4.30 Std.

17 km

300 m zum Waldrestaurant und Hotel **Pixhaier Mühle** (1.30 Std.). Wir befinden uns hier fast im Quellgebiet der Innerste. Sie und ihre Zuflüsse füllen die Teiche, die bis ins 19. Jh. dem Betrieb bergbaulicher Einrichtungen dienten.

Am Westufer des Sumpfteiches führt nun die Route durch eine Wiesenlandschaft über den Pixhaier Weg nach **Buntenbock**, vormals eine kleine Gemeinde, nun 650 Einwohner zählender südlicher Ortsteil von Clausthal-Zellerfeld. In der Mitte des Luftkurortes endet der Pixhaier Weg an der Hauptstraße, dem Mittelweg. Wir biegen nach rechts ab und gehen an der Kirche vorbei zum Hasenbacher Weg. In Höhe des letzten Hauses wird durch einen Wegweiser darauf hingewiesen, dass der Weg zum Zechenhaus ›Untere Innerste‹ (10Q, blauer Balken) als Pfad über die Wiesenlandschaft rechts an einer Baumgruppe vorbei zum **Hasenbacher Teich** (2 Std.) führt.

Dort steigen wir bis zum Parkplatz an der B 242 auf, queren die Bundesstraße, gehen 50 m nach rechts und betreten nach links über eine asphaltierte Rampe den Waldweg bzw. Pfad zum Semmelwieser Teich. Dort umgibt uns eine ungewöhnlich stimmungsvolle Seenlandschaft im Fichtenwald. Wir setzen den Weg über den **Staudamm** des Teiches fort und gelangen nach etwa 300 m zu dem im Jahre 1701 angelegten **Oberen Flambacher Teich**. Unter uns taucht beim Queren des Staudammes auch der Untere Teich auf. Wir verschwinden wiederum im Fichtenwald und dringen über einen zum Teil schlechten und wurzelreichen Waldweg bis zur 250 m entfernten Forststraße vor. Wir setzen den Weg auf der anderen Seite über einen Pfad gleicher Qualität fort, queren

einen Forstweg und biegen an seinem Ende an einem Forstweg nach links ab. Nach einem Steilhang führt uns ein Pfad auf der rechten Seite durch einen verfallenen Graben auf die Forststraße zum Zechenhaus Untere Innerste.

Nach etwa 600 m verlassen wir die Straße spitzwinkelig über einen Pfad nach links. 300 m weiter taucht zwischen den Bäumen das idyllisch gelegene Zechenhaus und **Gasthof Untere Innerste** (3.30 Std.) auf. Hier sind wir nun am tiefsten Punkt unserer Wanderung angelangt und müssen auf dem Rückweg zum Ziel in Clausthal-Zellerfeld einen Höhenunterschied von etwa 100 m überwinden. Nun folgen wir dem Weg 2C mit rotem Dreieck als Markierung und steigen in einem Seitental der Innerste bis zum Kleinen Clausthaler Teich an. Dort führt uns ein steiler Anstieg auf der linken Seite auf die Höhen zu einer mit Jungfichten und Birken bestandenen Heidelandschaft. Der Anstiegsweg endet an einer Forststraße. Wir biegen nach rechts ab und erreichen, indem wir uns an der folgenden Gabelung links halten, nach etwa 1 km den Stadtrand. Über die Sorge und Silberstraße gelangen wir wieder zurück zur **Marktkirche** (4.30 Std.).

Clausthal-Zellerfeld

Mit einem Aufenthalt in der einzigen Universitätsstadt des Harzes ist die günstige Gelegenheit geboten, sich über den geologischen und geographischen Werdegang des Harzes zu informieren. So bietet das Institut für Geologie und Paläontologie der Technischen Universität Clausthal in seiner Sammlung ›Harzgeologie‹ eine Fülle von Anschauungsmaterial

Die Marktkirche zum heiligen Geist in Clausthal-Zellerfeld

zu den Gesteinen, den Vererzungen und den Fossilien des Harzes.

Wenn auch die beiden Bergbauorte Clausthal und Zellerfeld erst im 16. Jh. als Freie Bergstädte gegründet wurden, so waren schon viel früher Mönche die Wegbereiter für die spätere Stadtgründung. Sie begannen bereits im 13. Jh. mit dem Bergbau. Der Ursprung der heute rund 16 000 Einwohner zählenden Universitätsstadt geht auf die Gründungszeit der Freien Bergstädte im 16 Jh. zurück. Zellerfeld besteht seit 1532 und Clausthal seit 1554. Der Name Clausthal-Zellerfeld existiert seit der Zusammenlegung im Jahre 1924.

1972 erfolgte die Eingemeindung von Buntenbock. 1775 wurde die Bergakademie gegründet, aus der später die Technische Hochschule und schließlich die Technische Universität hervorgingen. Etwa 4000 åStudenten studieren hier Bergbau und Geowissenschaften.

Überragendes Gebäude der Stadt ist die Marktkirche zum Heiligen Geist, zugleich mit 2200 Sitzplätzen der größte hölzerne Sakralbau Deutschlands. Sie wurde 1642 geweiht. Die späte Vollendung dieses Gemeindezentrums gegen Ende des Dreißigjährigen Krieges ist mit der während der Kriegsjahre in Clausthal wütenden Pest zu erklären. Allein im Jahre 1625 fielen dieser Seuche 1350 Clausthaler zum Opfer.

Tour 7

Vom Butterberg zum Burgberg

Exkurs durch die Erdgeschichte um Bad Harzburg

Obgleich größere Höhenunterschiede durch den Aufstieg vom Vorland in den Harz überwunden werden müssen, wird diese erdgeschichtlich interessante Wanderung wegen der sanft ansteigenden Wege und der vielen schönen Ausblicke zu keinem Zeitpunkt beschwerlich oder langweilig.

DIE WANDERUNG IN KÜRZE

++
Anspruch

5.30 Std.
Gehzeit

22 km
Länge

Charakter: Abwechslungsreiche, mittelschwere Wanderung aus dem Vorland in den Harz, zum Teil Pfad am Butterberg, häufig Forstwege und -straßen. Langgezogener Anstieg in den Harz.

Wanderkarte: Topographische Karte 1 : 50 000 mit Wanderwegen: »Wandern im Westharz«

Einkehrmöglichkeiten: Waldgasthaus Rabenklippe, Wirtshaus Burgberg

Anfahrt: Mit dem Kfz: Aus Richtung Braunschweig und Hannover über die A 395, aus der Richtung Braunlage über die B 4, aus Ilsenburg über die B 6. **Mit der Bahn:** Aus Richtung Braunschweig, Hannover. **Mit dem Bus:** Mit der Linie 877 von Wernigerode, Linie 820 von Braunlage, Torfhaus; Linie 810 von Goslar nach Berliner Platz bzw. Bahnhof.

Vom **Bahnhof Harzburg** steuern wir über die Herzog-Julius-Straße das erste Ziel, den Butterberg, an. Hinter der Autostraßen-Überführung (B 4) führt die links abbiegende Schützenstraße direkt auf den Harzburger Rundweg. Etwa 200 m nach dem Ende der Straße biegen wir nach rechts ab. Wir bewegen uns parallel zum Verlauf des 320 m hohen Bergrückens des **Butterberges** (30 Min.). Sein Areal ist wegen seiner beson-

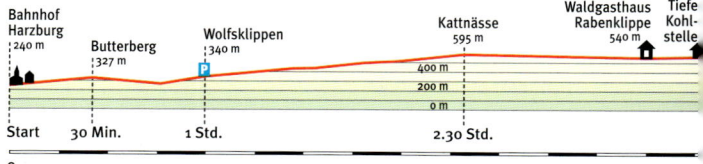

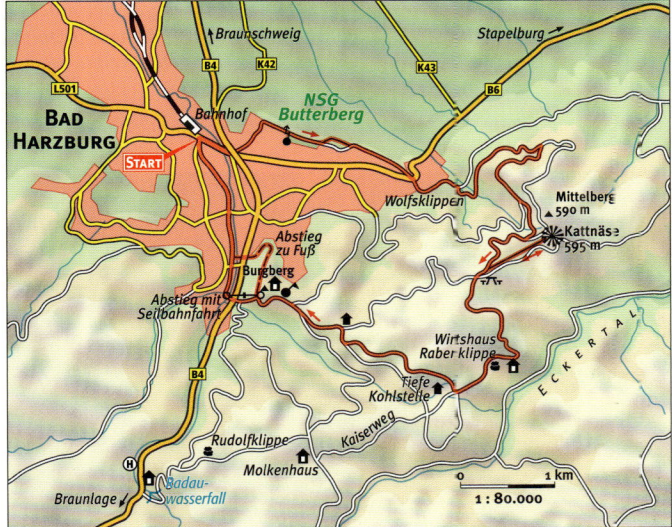

ders wertvollen Flora (Trockenrasen auf Kalk) als Naturschutzgebiet ausgewiesen. Deshalb darf der Weg nicht verlassen werden. Wir passieren den Fernsehumsetzer und gehen noch etwa 100 m nach links auf den Wald und das Schild ›Naturschutzgebiet‹ zu. Auf einem Pfad steigen wir auf den Kamm und wenden uns dort nach rechts. Das Innenleben des Berges ist nicht weniger interessant. Seine aus konglomeratischem Sandstein, Kalksandstein und Mergeln bestehenden Schichten stehen steil. Sie sind die Produkte des letzten Meeresvorstoßes aus dem Nor-

den vor 84 Millionen Jahren. Die Herkunft der Gesteine aus dem Meeresraum belegen ausgefüllte dicke Wurmröhren als Lebensspuren. Die Schräglage der Gesteinsabfolgen wird durch den Aufstieg der Harzscholle in der jüngeren Erdgeschichte erklärt. Bei dieser Bewegung wurden die ursprünglich horizontalen Schichten von der sich hebenden Harzscholle mitgeschleppt.

Nachdem wir das Naturschutzgebiet und den Höhenweg verlassen haben, queren wir die Ilsenburger Straße und erreichen über den Ilsenburger Stieg an den **Wolfsklippen** vorbei – hier ist das gleiche Gestein (etwa 100 Millionen Jahre) aufgeschlossen wie am Butterberg – den Harzrand. Hinter den letzten Häusern führt nun in Serpentinen der Weg 2cF (grünes Kreuz, Wartenbergstraße) allmählich ansteigend von 330 m auf die 595 m hohe Kattnäse. Einzelne Aussichtspunkte geben den Blick auf den Rand des Har-

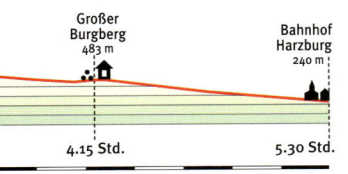

41

zes und das Vorland mit den steil stehenden Schichten westlich von Bad Harzburg frei.

Der Anstiegsweg endet auf der Hochfläche in Höhe eines Sitzplatzes. Nach einem Wegweiser beträgt

Fußmüde Wanderer können den Abstieg vom Burgberg bequem mit der Seilbahn bewältigen

die Entfernung bis zu dem höchsten Punkt dieser Wanderung, dem Gipfel der **Kattnäse** (2.30 Std.), noch 900 m. Es ist nur ein kurzer, etwas steiler Anstieg zu überwinden, dann breitet sich im Süden vor uns das Eckertal aus. Beherrschendes Element ist aber der Brocken mit seinen Aufbauten im Hintergrund. Die Gipfelregion präsentiert sich als eine parkähnliche Landschaft mit jungen Birken und Fichten. Gesteinsblöcke und Klippen sind im Ilsenburgquarzit ausgebildet.

Nach der Rückkehr vom ›Gipfelsturm‹ setzen wir zunächst den Weg über die Höhen fort und treffen nach 400 m wieder auf den Weg 20F (grünes Dreieck), von dessen Endpunkt das **Waldgasthaus Rabenklippe** (3.15 Std.) mit den rosa Granitfelsen nur noch 300 m entfernt ist. Das letzte Wegstück verläuft links von der Einmündung und ist mit einem roten Kreuz gekennzeichnet. Schon an der Form der Felsburg erkennt man, dass hier Granit ansteht. Die über dem Eckertal aufragende **Rabenklippe** besteht aus dem hellroten Ilsesteingranit, der die nördlichste Varietät des Brockengranits darstellt. Gut zu erkennen ist die Blockverwitterung des Granits. Die Rabenklippe ist ein beliebter Kletterfelsen.

Wir setzen die Wanderung nun am Oberrand des 300 m tief eingeschnittenen Eckertales fort, gehen von den Rabenklippen zunächst zur Einmündung des Weges 20F zurück und dann weiter auf dem Weg mit dem Kennzeichen 20A rotes Kreuz bis zur Tiefen Kohlstelle.

Hier beginnt der Weg zum abschließenden Höhepunkt der Wanderung, dem Großen Burgberg. Wir biegen nach rechts auf einen Forstweg ab (23J roter Balken), um am Oberrand des Kalten Tales auf historischen Wegen zu wandeln, denn nach etwa 800 m befinden wir uns auf dem Kaiserweg, einem einstigen mittelalterlichen Handelsweg quer durch den Harz von der Harzburg bis nach Walkenried. Der Weg ist nach Heinrich IV. benannt, der auf diesem Weg im Jahre 1074 von seiner Burg in den Schutz der Klöster im Südharz floh. Nach etwa 1,2 km sind wir am **Großen Burgberg** (4.15 Std.) und damit an der einst so bedeutsamen Harzburg angelangt.

Heinrich IV. erbaute die Burg 1068 zum Schutze Goslars. Sie war eine der größten des Harzes und diente ihm als Residenz. Heute erinnert die Canossa-Säule an die Bleibe dieses unglücklichen Königs. Die Burg hatte ein wechselvolles Schicksal. 1653 fiel die Entscheidung, sie unbewohnbar zu machen.

Das 250 m tiefer gelegene Bad Harzburg ist einer der ältesten Kurorte des Harzes und verdankt seine Gründung dem Herzog Julius zu Braunschweig. Er legte 1569 mit der Abteufung eines Schachtes und der Erschließung einer Solequelle den Grundstein für das Heilbad.

Müde Wanderer können für den Abstieg ins Stadtzentrum die Seilbahn benutzen. Wer weiterhin zu Fuß gehen will, nimmt den direkt an der Aussichtsplattform abzweigenden Weg zum Kleinen Burgberg und zum Stadtzentrum. Ein streckenweiser steiler Weg führt uns nach dem Queren der B 4 bis zum Berliner Platz mit dem Kurpark. Der Weg zum **Bahnhof** führt über die Bummelallee und die **Herzog-Wilhelm-Straße.** Dort ist die Wanderung nach etwa 5.30 Std. reiner Gehzeit beendet.

Klippen und Wassergräben

Auf den Höhen zwischen Altenau und Bruchberg

Besonders im 18. und 19. Jh. war das im Untergrund der vermoorten Landschaft reichlich vorhandene Wasser ein wichtiger Energieträger zum Betreiben der Gruben und Hütten. Heute begleiten Gräben als künstliche Bäche über viele Kilometer den Wanderer im Harz.

DIE WANDERUNG IN KÜRZE

++
Anspruch

Charakter: Einfache Mittelgebirgswanderung; steinig beim Aufstieg zu den Okersteinen, sonst meist gut begehbare Wege, selten Forststraßen. Butterstieg auf dem Abstieg von der Wolfswarte bei feuchtem Wetter rutschig.

3 Std.
Gehzeit

12 km
Länge

Wanderkarte: Topographische Karte 1 : 50 000 mit Wanderwegen: »Wandern im Westharz«

Einkehrmöglichkeiten: Keine

Anfahrt: Mit dem Kfz: Aus dem Norden über Bad Harzburg B 4 / L 504, aus dem Südwesten über Osterode B 498, aus dem Osten über Braunlage und B 242, dann B 498.
Mit dem Bus: Linie 831 von Goslar, Lautenthal, Clausthal-Zellerfeld bis Altenau Markt; Linie 840 von St. Andreasberg bzw. Clausthal-Zellerfeld bis Abzw. Dammhaus.

Wir starten am **Parkplatz Roseweg** an der B 498 Altenau-Sperberhaier Damm. Der Weg steigt als breite Forststraße stetig an und führt nach 400 m am Dammhaus vorbei. Nach insgesamt 900 m und einer lang gezogenen Rechtskurve muss man in Höhe des Transparents ›Nationalpark Hochharz‹ nach links auf einen anfangs steilen Forstweg abbiegen (Branderweg). Weiter oberhalb, in

Höhe der Schusterklippe (743 m) wird das mit einem aufgelockerten jungen und erstaunlich gesunden Fichtenwald bestandene Gelände flacher. In der Strauch- und Krautschicht bedecken Heidelbeeren, einzelne Fingerhutpflanzen und Weidenröschen den kargen Boden. Bei 750 m tauchen die Quarzitblöcke der **Branderklippe** (45 Min.) auf. Die Bodenverhältnisse sind leicht moorig.

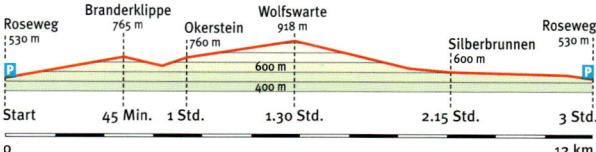

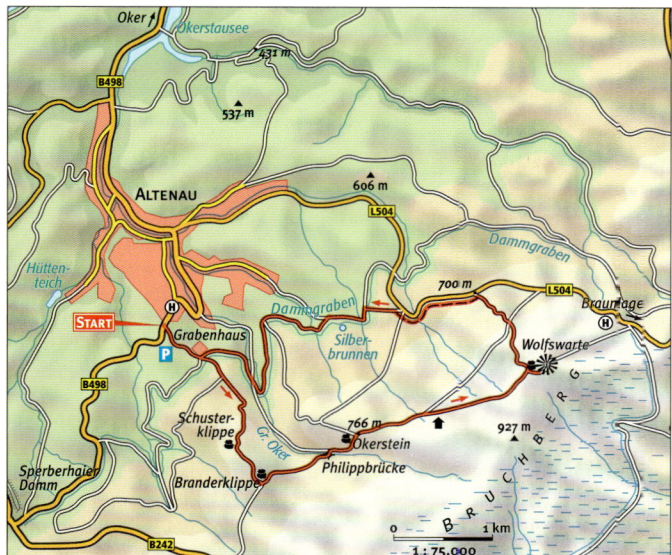

An der Kreuzung oberhalb der Klippe gehen wir nach links über eine Forststraße hinab in das Okertal. Moose und feinfiedrige Gräser bzw. Seggen bedecken die moorigen Hänge. In den Tiefenlinien und in zahlreichen Gräben rauscht und plätschert das abfließende Wasser. 50 m unterhalb der Philippbrücke zweigt von der Straße ein steiler Steig rechts ab und geht in den oberen Partien in einen blockreichen Forstweg über, der bei Regen reichlich unbequem und glatt sein kann. Unverhofft zeigt sich nach etwa 400 m zwischen den Fichtenstämmen ein Blockmeer und der aus scharfkantigen Blöcken aufgebaute **Okerstein** (1 Std.). In Höhe der Felsburg biegt ein Pfad nach links ab. Wir gehen auf die Klippe zu und stehen nach einem kurzen Anstieg unmittelbar vor den aufragenden Felsen. Der Pfad endet auf einer Forststraße, die uns nun nach rechts als Oberer Bruchbergweg (18 B, 18 C) zur

nächsten, etwa 2 km entfernten Klippe führt, der 918 m hohen **Wolfswarte** (1.30 Std.). Auf halbem Weg dorthin kann man eine Pause an der Wilde-Sau-Hütte einlegen. Hangmoore prägen in dieser Höhe die Landschaft. Auf dem Abstieg von der Wolfswarte können wir die moorigen Hänge genauer kennen- lernen. Der Anstieg zur bei guter Sicht schon lange sichtbaren Wolfswarte besitzt als Bestandteil des Wolfswarter Fußwegs mit der Bezeichnung 18B roter Balken eine deutliche Markierung, so dass der nach rechts abzweigende Weg nicht zu verfehlen ist.

Schwieriger gestaltet sich in dieser Hinsicht schon der Abstieg in Richtung Altenau. Nach der Rückkehr von der Wolfswarte zur Abzweigung setzen wir den Weg nach rechts abbiegend und für 150 m auf gleicher Höhe bleibend fort und benutzen den zu Tal führenden Butterstieg (18J rotes Dreieck). Wir befinden uns nun in einer mit Erika- und Heidelbeersträuchern bestandenen feuchten Umgebung. Sie ist wegen einiger verdeckter Löcher auf dem Pfad nicht ungefährlich.

Sobald wir einen Weg queren, ist es schwierig, auf der gegenüberliegenden Seite den Anschluss zu finden. Man muss auf jeden Fall links von der Hochspannungsleitung bleiben und, entsprechend dem Wegweiser, den Weg durch dichteren Jungwald nehmen. An der Straße Altenau-Torfhaus erreichen wir das Ende des Butterstiegs. Hier folgen wir dem Weg (18H, blaues Dreieck) parallel zur Straße talwärts. Nach knapp 1,4 km verläuft er vor der ersten scharfen Rechtskehre geradeaus weiter in den Fichtenwald hinein und endet vor dem **Dammgraben.** An diesem zweigen wir nach links ab.

Nun beginnt das angenehmste Stück der Wanderung, denn auf der nun folgenden, etwa 3 km langen Strecke neben dem Graben wird wegen des geringen Grabengefälles das Wandern zu einer behaglichen Art der Fortbewegung. Am idyllischen Rastplatz bei der kleinen Lichtung mit dem **Silberbrunnen** (2.15 Std.) sollte man sich einige Minuten Rast gönnen.

Nachdem wir unseren Weg fortgesetzt haben, biegen wir in das tief eingeschnittene Okertal ein. Am Übergang, dem Sporn, hat das Wasser des Dammgrabens nur noch so wenig Gefälle, dass es so aussieht, als würde es im Graben stehen. Wir verlassen den engen Einschnitt des Okertals und treffen nach 500 m wieder auf die am Anfang benutzte Forststraße. Damit ist fast der Abschluss der Wanderung erreicht. Nachdem wir rechts abgebogen sind, taucht bald der **Parkplatz Roseweg** (3 Std.) auf.

Klippe im Fichtenwald: der Okerstein

Rund um die Sösetalsperre

Von den Osteroder Gipsbergen zu den Quarzithöhen des Ackers
Diese Wanderung um den Sösestausee ist die längste in diesem
Führer und erfordert ein gewisses ›Stehvermögen‹. Aus den hohen
Buchenwäldern der Niederung steigt man auf die blank gefegten,
rauen Höhen des Ackers.

DIE WANDERUNG IN KÜRZE

+++
Anspruch

8 Std.
Gehzeit

29 km
Länge

Charakter: Abwechslungsreiche Mittelgebirgswanderung mit Ansprüchen an die Kondition. Die Qualität der Wege ist sehr unterschiedlich und reicht von der bequemen Forststraße bis zum steinigen, steilen Gebirgspfad.

Wanderkarte: Topographische Karte 1 : 50 000 mit Wanderwegen: »Wandern im Westharz«

Einkehrmöglichkeiten: Hanskühnenburg

Anfahrt: Mit dem Kfz: Von Göttingen, Northeim. Es ist ratsam, das Fahrzeug nicht in der Innenstadt abzustellen. Am günstigsten gelegen ist der Parkplatz an der Deutschen Jugendherberge. **Mit dem Bus:** 1.20 Std. von Göttingen; mit der Linie 440 von Clausthal-Zellerfeld; mit der Linie 240 von Northeim.

Wir verlassen den **Parkplatz an der Jugendherberge** direkt nach links, queren die Kreuzung an der Berliner Straße und steigen unmittelbar hinter dem Tunnel auf der rechten Seite auf zum Hundschen Weg. Der Weg (8H roter Balken) führt über einen etwa 4 km langen Sporn in Absätzen hinauf Richtung Eselsplatz. Schon bald haben wir die Stadt über den **Butterberg** verlassen, die letzten Häuser bleiben zurück, und wir befinden uns in einer Wiesenlandschaft. Nun geht es kontinuierlich bergan. Beim Verschnaufen kann man rückblickend auf Osterode und den südlichen Harzrand schauen. Vor uns taucht bald das Hauptziel des Tages im Blickfeld auf: die rechter Hand am Horizont auf dem Acker-

höhenzug gelegene Hanskühnenburg. Ab und zu sollte man auch auf den Boden schauen, denn an einzelnen Stellen tritt der sehr dekorative, leuchtend rote Eisenkiesel an die Oberfläche.

Etwa 300 m unterhalb des Eselsplatzes lädt ein Rastplatz mit Ausblick auf Lerbach zum Verweilen ein. Frisch gepflanzte Laubgehölze am Wegesrand lassen die Bemühungen erkennen, ein artenarmes, von Nadelgehölzen beherrschtes Landschaftbild nachträglich zu bereichern. Trotz des im Mai intensiv blühenden Sauerklees vermisst man auf dem Weg durch die Fichtenbestände die Helligkeit, die in den Buchenwäldern mit den Buschwindröschen existiert und auch hier herrschen könnte. Der Weg mündet auf dem **Eselsplatz** (1.15 Std.), einem Weg-Knotenpunkt im Wald. Bei schlechtem Wetter findet man Unterschlupf in der Holzhütte Köte Eselsplatz. Nun verlassen wir die gut begehbare Forststraße. Halb links steigt als Waldweg oder besserer Pfad der Hundsche Weg zu einem südwestlichen Ausläufer des Bärenkopfes steil

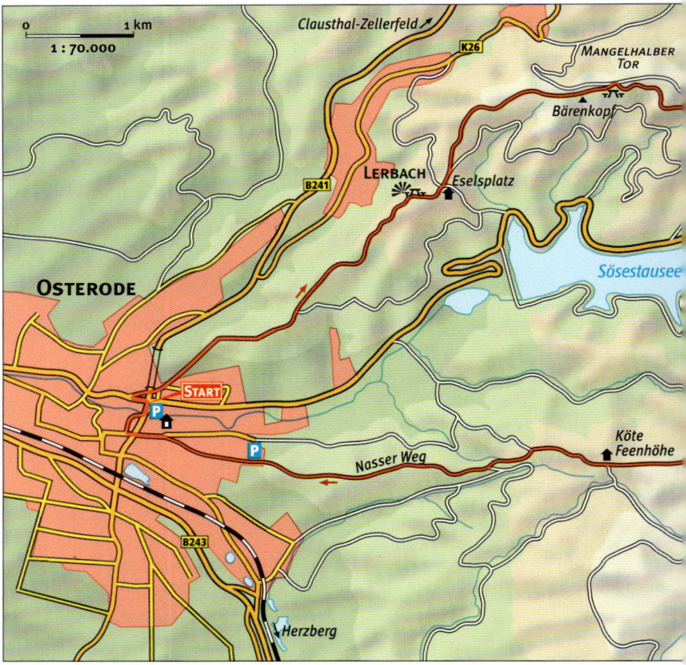

von 458 m auf 506 m an. Der Weg wird nun beschwerlicher und zum Teil auch feuchter. Man muss schon bei dem Auf und Ab über die Höhen darauf achten, die Füße auf dem weichen Weg richtig zu setzen (Rutschgefahr).

Kurz vor dem Erreichen des Rastplatzes am Mangelhalber Tor besteht die Möglichkeit, einen Abste-

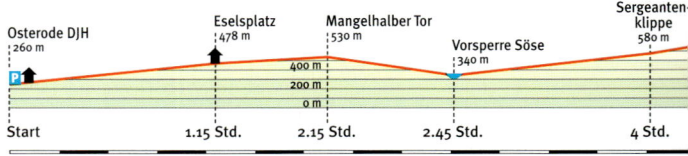

cher nach links auf den **Bärenkopf** (549 m) zu machen. Vor dem Gipfel breitet sich im Osten der Acker-Höhenzug mit der Hanskühnenburg aus. Im Untergrund steht Kieselschiefer an, ein ehemaliges Tiefsee-Sediment.

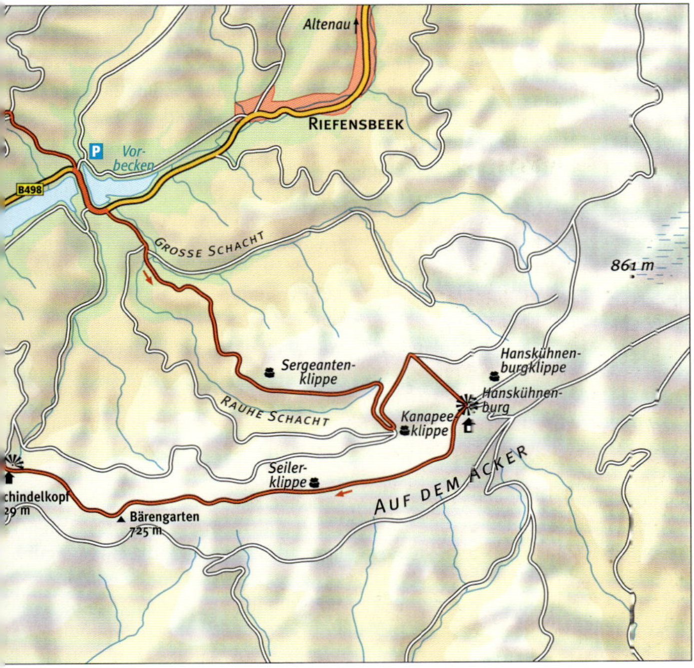

Wir verweilen am **Rastplatz Mangelhalber Tor** (2.15 Std.). Das Mangelhalber Tor war das höchstgelege-

ne Tor im 20 km langen Lerbacher Waldgatter, das früher das Wild von den Wiesen, Kartoffeläckern und Gärten des Ortes fern hielt. Nach dem Zweiten Weltkrieg verfiel das Gatter.

Der Weg zur Sösetalsperre verläuft auf der Höhe zunächst geradeaus weiter, bis der zweite, spitzwinklig rechts abbiegende Weg (100 gelber

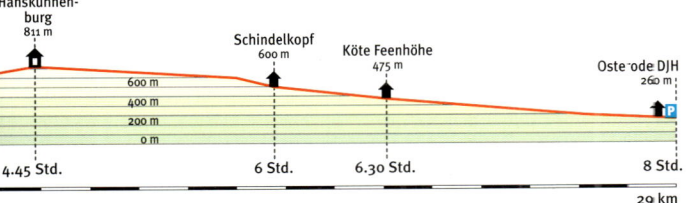

Kreis), eine Forststraße, uns in Windungen zu Tal geleitet. Unterhalb des Großen Engeltales sieht man den Sösestausee.

Unsere Route mündet in einen forstlichen **Verladeplatz** ein. In einer Höhe von 486 m geht es über einen steileren und etwas beschwerlicheren Waldweg (Wurzelwerk) direkter und schneller zu Tal. Die Unannehmlichkeiten des Untergrundes werden durch die Schönheit eines hohen Buchenwaldes wettgemacht.

Die **Vorsperre** der Sösetalsperre (2.45 Std.) ist nach 1 km erreicht. Sie wurde in den Jahren 1929/30 zum Auffangen des von der Söse mitgeführten Sedimentmaterials gebaut. Nachdem wir den Damm überschritten haben, müssen wir die Linkskurve ausgehen. Dann führt der Weg vor dem Bach nach rechts in ein Seitental (Große Schacht) und hinauf auf den Acker. Dabei ist genau auf die Beschilderung zu achten (10S grüner Kreis).

An der Gabelung vor der Querung eines Seitenbaches halten wir uns rechts. Nun steigt die Forststraße, der 500 m lange Laubtalsweg, in einem langen Bogen nach links durch Buchenwald stetig bergan. Nach Überwindung eines kleinen Sporns läuft der Weg auf eine Gabelung zu. Dort betreten wir das Talgebiet der Rauhen Schacht, wo wir den am Talhang ansteigenden Weg benutzen. Nach etwa 1,2 km lagert auf dem Südhang des **Großen Breitenberges** (682 m) quarzitischer Blockschutt als kleines Blockmeer der **Sergeantenklippe** (4 Std.). Der allmählich ansteigende Weg führt nun in den Taleinschnitt der Schachtkappe hinein, dort über den Bach hinweg und hinter einem Sporn nach einer scharfen Wende nach links unterhalb der Kanapeeklippe bergseitig

wieder hinaus. Der Ausstieg aus der Rauhen Schacht endet auf dem Grünen Platz; hier löst nunmehr junger Nadelwald mit Heidelbeersträuchern den Laubwald ab.

Wir benutzen den zweiten, rechts abbiegenden Weg nach der Wende, gehen durch einen Jungfichtenwald und gelangen schließlich über ein freies, mooriges Gelände zu unserem 811 m hoch gelegenen Ziel, zur **Hanskühnenburg** (4.45 Std.). Für die Mühen des fast 6 km langen Anstiegs wird man durch ein herrliches Panorama vom Großen Knollen über den Stöberhai, St. Andreasberg, den Rehund den Sonnenberg bis zum Wurmberg entlohnt. Im Westen sind der Schalke und der Bocksberg die markantesten Anhöhen hinter dem Sösetal. Wer nicht im Gasthaus einkehren möchte, kann die Ruhe der Umgebung auf der etwa 300 m entfernten Hanskühnenburg-Klippe genießen.

Auf dem Abstieg nach Osterode erwartet den Wanderer zunächst der steinige und bisweilen unbequeme Fastweg (13A blaues Dreieck). Er führt durch eine Heidelandschaft mit Besenheide und Heidelbeersträuchern. An der **Seilerklippe,** einem Haufwerk quarzitischer Blöcke mit durcheinander liegenden Baumstämmen, begegnen wir einem landschaftlichen Chaos. Manchmal sind die quer über dem Weg liegenden Stämme ein derartiges Hindernis, dass sie nur umgangen werden können, was durchaus nicht dem Erhalt der Vegetation in dieser Kampfzone dient.

Mit dem Verlassen des weitgehend waldfreien Höhenbereichs gelangen wir in eine Parklandschaft mit Jungfichten und dichtem Heidelbeerbuschwerk, die wir auf einem steinigen Pfad durchqueren. Die Umgebung wird zusehends mooriger. In der Höhe des **Bärengartens,** 4 km

Rast unterhalb des Eselsplatzes mit Blick auf Lerbach

westlich von der Hanskühnenburg, müssen wir darauf achten, dass wir nicht die rechte Abzweigung durch zunächst dichten Fichtenwald verpassen. Nun beginnt ein etwa 900 m langer, steiler Pfad, der beim Hinabsteigen ein achtsames Gehen erfordert und der Gehbehinderten Schwierigkeiten bereiten könnte. Hat man das Ende des Pfades erreicht, kann man von einer Ruhebank den schönen Ausblick auf das Sösetal genießen.

Weiter geht es nach links auf einen Fahrweg, der bereits nach 80 m auf einem Knotenpunkt mit Hütte und Rastplatz unterhalb des **Schindelkopfes** endet (6 Std.). Hier beginnt der bis an die Stadtgrenze von Osterode führende Nasse Weg auf der linken Seite. Auf ebenem Untergrund gelangt man nach 1,5 km zur

Köte Feenhöhe (6.30 Std.). Ab hier werden die Wegverhältnisse auf der geradeaus weiterführenden Route wesentlich schlechter. Zeitweise kann man auf den Südrand des Harzes bis zum Eichsfeld schauen. Unterhalb der Feenhöhe muss man sich an zwei Verladeplätzen jeweils links halten. Am Parkplatz Fuchshalle endet die Forststraße. Hier haben wir den Stadtrand von Osterode erreicht. Nun gehen wir auf dem Fuchshaller Weg über die Berliner Straße (B 241) hinweg bis in Höhe des Spielplatzes auf der linken Seite. Vor der ersten rechten Abzweigung hinter der Brücke führt der Weg an der Tankstelle vorbei auf die Berliner Straße und damit zum Ausgangspunkt und Ziel unserer Wanderung (8 Std.) an der **Jugendherberge**.

10

Tour

Höhen, Höhlen und Ruinen

Von Scharzfeld auf den Großen Knollen und zur Ruine Scharzfels

Wer ein großartiges Panorama mit den weiten Wäldern und erhabenen Höhenrücken des Mittelharzes mit dem Harzvorland im Süden und dem Brocken im Norden genießen möchte, der muss bei gutem Wetter auf den 687 m hohen Großen Knollen steigen.

DIE WANDERUNG IN KÜRZE

++
Anspruch

4 Std.
Gehzeit

15 km
Länge

Charakter: Die Route, wegen des Anstiegs und der Länge als mittelschwer einzustufen, führt auf einen der schönsten Aussichtsberge des Harzes. Sie verläuft vorwiegend auf Forststraßen, nur die letzten 50 Höhenmeter auf dem Knollen sind beschwerlicher.

Wanderkarte: Topographische Karte 1:50 000 mit Wanderwegen: »Wandern im Westharz«

Einkehrmöglichkeiten: Gaststätte auf dem Großen Knollen, in der Schlossberg-Schutzhütte an der Ruine Scharzfels, sonst nur in Scharzfeld

Anfahrt: Mit dem Kfz: Über die B 27 von Braunlage bzw. Göttingen. In Scharzfeld folgen wir der Ausschilderung zur Felsenkirche. Das Fahrzeug kann dann unter dem Viadukt der B 27 abgestellt werden. **Mit dem Bus:** Mit der Linie 450 von Osterode, St. Andreasberg und Bad Lauterberg bis Scharzfeld ›Post‹; Rückfahrt von Bhf. Scharzfeld nach Scharzfeld ›Post‹. **Mit der Bahn:** Von Northeim 1 Std.

Weitere Sehenswürdigkeiten: Auf der der Burg Scharzfels gegenüberliegenden Talseite befindet sich die Einhornhöhle, in der man die Knochenreste eiszeitlicher Tiere gefunden hat. Der Weg dorthin ist gut ausgeschildert.

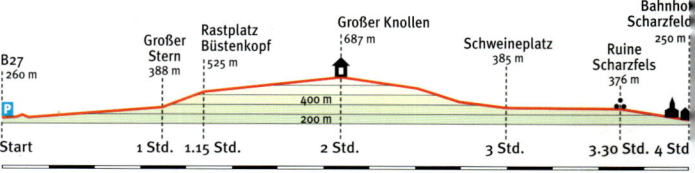

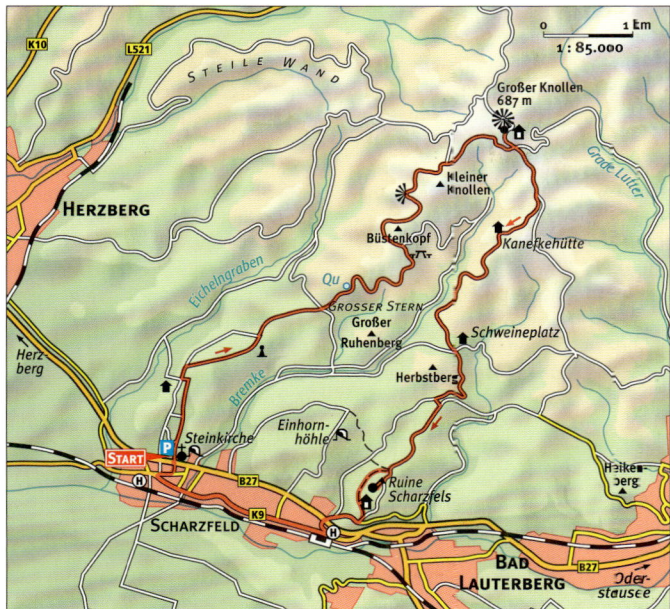

Die Wanderung zum Großen Knollen beginnen wir mit einem Besuch der **Felsenkirche** am Nordrand des Harzes. Wir starten vom **Parkplatz** unter dem Viadukt der B 27 bzw. der Bushaltestelle Scharzfeld ›Post‹ über den ausgeschilderten Weg. Der Pfad führt zunächst zum Felsvorsprung des Steinberges. Im Norden ragt hinter den Dolomitklippen die Kuppe des Großen Knollen auf, und nach Südwesten kann man über Scharzfeld hinaus die Schichtstufenlandschaft des Göttinger Raumes erkennen.

Wir gehen nun weiter zur **Felsenkirche,** deren architektonische Attraktivität weit hinter ihrer historischen Bedeutung zurücksteht. Sie besteht aus einer 6 m hohen und etwa 30 m tiefen Höhle im Dolomit des Steinberges, die in der vorgeschichtlichen Zeit eiszeitlichen bzw. altsteinzeitlichen Rentierjägern als Unterschlupf diente. Ihre ursprüngliche Form wurde in frühchristlicher Zeit durch einen Ausbau verändert. Mönche schufen im 8. Jh. eine Altarnische in der Südwand und ein Weihwasserbecken an der Nordseite. Bonifatius soll hier das Evangelium gepredigt haben. Die Höhle diente bis in das 15. Jh. als Kirchenraum.

Vorbei an während der Frühsommerzeit blühenden Wiesen kehren wir auf den asphaltierten Güterweg zurück und nehmen den Anstieg auf den Großer Knollen in Angriff. Die Markierung 13P (grüner Balken) weist uns den Weg. Zunächst haben wir in der Talsohle des Mönchetals noch städtischen Asphalt unter den Füßen. An den Wasserverhältnissen im Tal merkt man schon, dass hier noch nicht die Gesteine des alten Gebirges mit Schiefern, Grauwacken oder Sandsteinen im Untergrund anstehen, sondern durchlässiger Dolomit, denn das Tal ist als Trockental ausgebildet. Nach 1 km biegt der Weg nach links auf einen Höhenrücken ab. In Höhe der **Schutzhütte am Schweinskopf** läuft der Anstieg auf dem Rücken über einen steinigen Güterweg auf den Wald im Hintergrund zu. 150 m weiter ist an der Gabelung der rechte, am Waldrand verlaufende Weg der richtige. Rechts vom Eintritt des Weges in den Wald befindet sich das schon mehrmals angekündigte **Fliegerdenkmal.**

Noch im Buchenwald nimmt das Gefälle zu. Ein waldfreies Wiesenstück auf der linken Seite bietet uns Gelegenheit zum Verschnaufen. Vor uns breitet sich die Landschaft mit dem Unteren Eichsfeld im Hintergrund aus. Davor erstreckt sich der Rotenberg, und vom Schlossberg über dem Städtchen Herzberg leuchtet das Welfenschloss herüber.

Wir verlassen nun das Gebiet mit dem Dolomit im Untergrund. Der Weg führt weiter durch Buchenwald und mündet als Forststraße nach etwa 3 km auf den **Verteiler Großer Stern** (1 Std.). Hier wachsen neben den Buchen auch einzelne schöne Eichen. Die Forststraße windet sich nun in weiten Bögen durch Buchenwald zum Büstenkopf oberhalb des Bremketales hinauf. Die am Hang austretende Brandkopfquelle bringt sicher so manchem durstigen Wanderer im Sommer eine willkommene Erfrischung. Von hier kann man im Südosten auf das Obere Eichsfeld mit der Hainleite im Hintergrund und auf die mit Laubwald bestandenen Nachbarhöhen schauen.

5 km nach dem Aufbruch im Tal lädt unterhalb des **Büstenkopfes** (1.15 Std.) ein Tisch mit Bänken zum Picknick ein. Der Platz befindet sich auf der Wasserscheide zwischen Bremketal und dem Tal des Eichelngrabens, an dessen Hängen der Weg weiterführt. Hinter dem Kleinen Knollen teilt sich der Weg. Auf dem rechten Abzweig gelangen wir wieder auf die Hangpartien oberhalb des Bremketals und stehen dann schließlich nach gering ansteigender letzter Wegstrecke unter der Kuppe des Großen Knollens, deren roter Untergrund anzeigt, dass mittlerweile ein Gesteinswechsel eingetreten ist. Die Kuppe und das Gestein sind nämlich vulkanischen Ursprungs.

Der direkte und etwas beschwerliche Pfad zum Gipfel wird für manche schweißtreibend sein. Bequemer ist der letzte Teil des Anstiegs über die fast um den Gipfel herumführende Schotterstraße. Vom Turm auf dem **Großen Knollen** (2 Std.) genießen wir in einer Höhe von über 700 m wegen der exponierten Lage des Berges eine außerordentlich gute Rundsicht. Im Nordosten befindet sich in 20 km Entfernung der Brocken, im Osten der Stöberhai, im Westen liegt am Harzrand Herzberg, im Süden das Eichsfeld und schließlich im Nordwesten der Acker mit der Hanskühnenburg.

Der Abstieg führt wieder in den Sattel unterhalb der Kuppe. Dort folgt man dem Weg unterhalb der Hübichentalsköpfe mit dem blauen Kreis als Zeichen. Noch im Sattel teilt sich der Weg. Ein unscheinbarer blauer Pfeil auf einem Fichtenstamm weist uns den richtigen Weg nach rechts zunächst talwärts. Dieser Pfad mündet auf einer Forststraße. Hier müssen wir rechts abbiegen (nach links gelangt man über eine bequeme Forststraße in das Luttertal und nach Bad Lauterberg). Wir folgen dem grünen Dreieck (Weg

13F, der zugleich Teil des Europäischen Wanderweges Nr. 6 ›Ostsee–Harz–Adria‹ ist). Nach etwa 800 m taucht die **Alfons-Kanefke-Hütte** in der freundlichen und hellen Waldlandschaft auf. Ziel für den Weg über den Rücken oberhalb des Bremketales ist der Wegknotenpunkt **Schweineplatz** (3 Std.) im Nordosten des Herbstberges.

Vom Schweineplatz setzen wir den Weg auf der linken Seite in Richtung Burgruine Scharzfels fort, umgehen die breite Kuppe des Herbstberges im Osten und verlassen dabei das Bremketal. Der Untergrund besteht bis dahin vorwiegend aus der sandsteinartigen Grauwacke, die auch an einzelnen Stellen des Weges zum Vorschein kommt. Am **Kreuzungspunkt** südlich des Herbstberges bleiben wir zwar weiterhin auf dem Europäischen Wanderweg, betreten aber mit ihm nach Süden den Weg 13G (gelbes Dreieck) zur Ruine Scharzfels und verlassen damit die Forststraße.

Auf einem Höhenrücken zwischen dem Andreasbachtal und einem weiteren Seitental der Oder gehen wir zum Frauenstein und zur **Ruine Scharzfels** (3.30 Std.). Wie man an den herausragenden Felspartien erkennen kann, besteht der Gipfel der Anhöhe mit der Burg aus Dolomit. Diese exponierte Stelle wird schon in vorgeschichtlicher Zeit besiedelt gewesen sein. Die Burg wurde im 10. Jh. zum Schutze der nahe gelegenen Abtei Pöhlde erbaut und erstmals im Jahre 1131 schriftlich erwähnt. Sie erlitt ein ähnliches Schicksal wie Burg Hohnstein (s. S. 142). Im Laufe der Geschichte wechselte sie mehrfach ihre Besitzer. Französische Truppen zerstörten die Burg schließlich während des Siebenjährigen Krieges im Jahre 1761. Auf einem Besichtigungsgang kann man sich heute noch die exponierte Lage mit einem weiten Ausblick in das Vorland und ihre strategische Bedeutung vergegenwärtigen.

Auf der gegenüberliegenden Talseite befindet sich im Dolomit die Einhornhöhle, deren früheste Beschreibung aus dem Jahre 1583 stammt. Den Namen hat sie von Knochenresten eiszeitlicher Tiere erhalten, die als Relikte eines Einhorns gedeutet wurden. Zu den bekannteren Besuchern gehören Gottfried Wilhelm Leibniz, Johann Wolfgang von Goethe, Rudolf Virchow und Hermann Löns.

Beim Verlassen der Burg wählen wir den Fußweg und wenden uns nach dem Passieren der Pforte nach links und erreichen nach etwa 800 m die Zufahrtsstraße zur Burg. Wir begeben uns nach rechts zu Tal, wo wir dann hinter dem Viadukt der B 27 am Ende der Zufahrtsstraße nach rechts auf den **Bahnhof Scharzfeld** und die Bushaltestelle (4 Std.) zugehen, um die Rückfahrt zum Ausgangspunkt anzutreten.

Bergwiesen und schroffe Hänge

Ausflug in die Umgebung von St. Andreasberg

St. Andreasberg ist die östlichste der sieben ehemaligen Bergstädte im Oberharz. Holzhäuser bestimmen das Bild dieses reizvollen Ortes zwischen Oder und Sieber. Wiesen mit großartiger Aussicht, Täler mit plätschernden Bächen laden geradezu zum Wandern ein.

DIE WANDERUNG IN KÜRZE

+
Anspruch

3.30 Std.
Gehzeit

14 km
Länge

Charakter: Leichte Wanderung mit Wechsel von Auf- und Abstiegen auf guten Wegen. Probleme ergeben sich eventuell aus dem Finden der Route im Sperrluttertal, da der Weg zugewachsen sein kann.

Wanderkarte: Topographische Karte 1:50 000 mit Wanderwegen: »Wandern im Westharz«

Einkehrmöglichkeiten: auf dem Weg keine, erst wieder in St. Andreasberg

Anfahrt: Mit dem Kfz: Von Göttingen über die B 27. **Mit dem Bus:** Mit der Linie 850 von Braunlage, mit der Linie 861 von Goslar, Oker, Altenau, nur Sa u. So; mit der Linie 840 von Clausthal-Zellerfeld; mit der Linie 450 von Bad Lauterberg, Herzberg, jeweils bis Haltestelle Kurverwaltung

Hinweise: In St. Andreasberg bietet sich ein Besuch der Grube Samson an.

Wir starten vom **Busbahnhof in St. Andreasberg** zum Gipfel des Glockenberges. Der Weg führt links am Hotel Glockenberg vorbei auf die Wiesen im Süden. An der Abzweigung des Johann-Kothe-Weges halten wir uns rechts und steigen bergan. Auf der Höhe sollte bereits nach etwa 10 Minuten ein Stopp eingelegt werden, um das eindrucksvolle Panorama vom Glockenberg aus zu genießen. Im Westen erstreckt sich der Höhenzug des Ackers. Im Südwesten sind die kuppenförmigen Berge um den Großen Knollen zu sehen. Im Südosten erhebt sich über

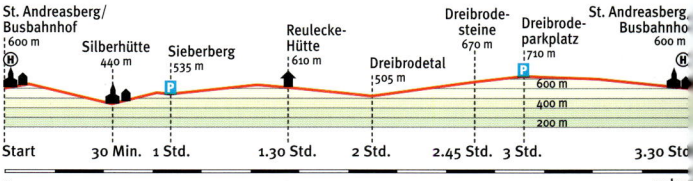

St. Andreasberg/ Busbahnhof 600 m — Silberhütte 440 m — Sieberberg 535 m — Reulecke-Hütte 610 m — Dreibrodetal 505 m — Dreibrode-steine 670 m — Dreibrode-parkplatz 710 m — St. Andreasberg, Busbahnhof 600 m

600 m / 400 m / 200 m

Start — 30 Min. — 1 Std. — 1.30 Std. — 2 Std. — 2.45 Std. — 3 Std. — 3.30 Std.

0 — 14 km

dem Odertal der Stöberhai, und im Norden steigt das Gelände oberhalb St. Andreasberg zum fast 900 m hohen **Rehberg** an. Während der ersten Junitage stehen die Wiesen mit Margeriten, Knöterich, Glockenblumen, Wiesenstorchschnabel u. a. in voller Blütenpracht.

Wir überqueren den Berg und verlassen die Wiesenlandschaft. Unser Weg (28B roter Kreis) führt uns über die Höhe über einen steileren, bei feuchterem Wetter sicherlich auch rutschigen Weg talwärts. An der ersten Verzweigung bleiben wir auf der linken Seite und gelangen etwa 500 m nach Verlassen des Aussichtspunktes zu einer Kreuzung. Hier gehen wir geradeaus weiter talwärts und benutzen nun eine Forststraße, um in den bewaldeten Talgrund des Sperrluttertales zu gelangen. Dabei bewegen wir uns durch Fichtenwald. Etwa 800 m (Zeichen 28B roter Kreis) nach dem Betreten der Forststraße zweigt in einer Linkskurve ein steiler Pfad direkt zum Sperrluttertal ab. Bereits nach 150 m stehen wir unten im Tal in **Silberhütte** (30 Min.), heute ein Stadtteil von St. Andreasberg. Hier befand sich von 1663 bis 1911 die neue Silberhütte in Betrieb. Die zu ihr gehörenden Gebäude stehen noch in der Ortsmitte.

Nachdem wir den Sperrlutterbach über eine **Brücke** passiert haben, beginnt an der gegenüberliegenden Talseite der steile Anstieg durch ein Seitental auf die Höhen des Sieberberges. Oben angelangt, treffen wir auf eine Forststraße, der wir nach rechts folgen. Wir erreichen nach etwa 600 m den **Parkplatz Sieberberg** (1 Std.) an der L 521, queren die Landstraße und begeben uns, indem wir uns links halten (15G, rotes Dreieck), auf einen Höhenweg, den wir nach

etwa 700 m nach rechts ansteigend wieder verlassen. Nach etwa 250 m beginnt auf der Höhe auf der linken Seite der Anstieg zum Sieberberg. Wir wandern über die Höhen des Bergrückens durch Fichtenwald, bis wir die **Kurt-Reulecke-Schutzhütte** (1.30 Std.) erreicht haben.

Etwa 50 m unterhalb der Hütte verlassen wir an einem Knotenpunkt den Höhenweg nach links und wählen unter den von diesem Platz abgehenden Wegen eine geradeaus ins Dreibrodetal führende Forststraße (mittlerer Weg), die sich bis zum Bachlauf den Hang hinunterzieht. Es ist ein bequemer Weg, der uns einen Einblick in eine großartige Tallandschaft mit ungewöhnlich hohen waldbestandenen Hängen gewährt. Im Talgrund angekommen, halten wir uns hinter der Brücke über den **Dreibrodebach** (2 Std.) rechts und folgen dem Hinweis zum Dreibrodeparkplatz. Auf

Blick vom Glockenberg auf St. Andreasberg

diesem Weg durch das Dreibrodetal offenbart sich der Gesteinswechsel zwischen den Sedimentgesteinen zum Granit in besonders anschaulicher Weise in der Ausbildung des Tales mit seinen Kleinformen. Der im Grenzbereich zum Granit anstehende Hornfels tritt als hartes Gestein durch die Ausbildung von Klippen in einem engen Talabschnitt in Erscheinung. Der Ausstieg aus dem Tal ist zugleich mit dem Eintritt in das Granitgebiet mit den Dreibrodesteinen verbunden. Hier werden die Hänge flacher und der Talquerschnitt wesentlich breiter. Überall liegen größere Granitblöcke verstreut. Schließlich endet der Talweg an einer hangparallelen Forststraße, die wir etwa 200 m nach links benutzen, um dann über einen nach rechts abzweigenden Steig zu gehen, wo nach weiteren 100 m die **Dreibrodesteine** (2.45 Std.), drei Granitblöcke, auftauchen. Viele werden beim Anblick dieser riesigen gerundeten Granitfelsen nördlich von St. Andreasberg rätseln, wie sie hierher gelangt sein könnten. Aber nicht die im Harz einst vorhandenen Gletscher haben

sie hierher transportiert, sondern ganz spezifische Verwitterungsprozesse sind für ihre Existenz hier am Hang verantwortlich (s. a. S. 12 f.).

Nächstes Ziel ist der **Dreibrodeparkplatz.** Durch ein vermoortes Jungwaldgebiet mit Ebereschen am Wegrand gelangen wir an Schwarzwasserläufen vorbei wieder auf die Forststraße, die schließlich an der L 519 endet. Rechts abbiegend folgen wir nun dem Wanderweg 16D (rotes Kreuz) parallel zur Landstraße nach St. Andreasberg. Nach wenigen hundert Metern befinden wir uns auf der Jordanshöhe mit Bergwiesen, deren lieblichen Charakter wir schon am Anfang der Wanderung kennen lernten. Diese Wiesen sind etwa 100 m höher gelegen als jene auf dem Glockenberg, so dass die sie umrahmenden Laubgehölze außer einigen Ebereschen fast vollkommen in den Hintergrund treten. Beherrscht wird diese Szenerie von dem fast 900 m hohen Rehberg im nördlichen Hintergrund. Anschließend steigen wir hinab nach **St. Andreasberg,** wo wir noch das Besucherbergwerk, die

Grube Samson (3.30 Std.), besichtigen können. Dazu müssen wir in St. Andreasberg die nach rechts abzweigende Obere Grundstraße benutzen.

St. Andreasberg

Die bezaubernde Harzstadt ist die älteste der sieben Bergstädte und wurde 1521 gegründet. Erste Aktivitäten im Erzbergbau dieser Region liegen weiter zurück, denn die Mönche des Klosters Walkenried nahmen den Bergbau schon weit vor dem 16. Jh. auf. In mehreren Gruben schürften sie bereits im Jahre 1157 nach Erzen. Aus dem 13. Jh. ist der Name eines Grubenbesitzers überliefert, der sein umfangreiches Eigentum am Breitenberg, Sonnenberg und Sperreberg im Jahre 1287 einem Bürger in Goslar verpfändete. In der Mitte des 14. Jh. werden die offensichtlich bescheidenen Anfänge des Bergbaus mit Sicherheit zum Erliegen gekommen sein, denn der Oberharz wurde durch das Wüten der Pest nach 1347 regelrecht entvölkert. Erst im Jahre 1470 begannen die ersten Versuche, den Bergbau wieder aufzunehmen.

Die älteste Urkunde über die Gewinnung von Erzen stammt aus dem Jahre 1487. Zu den frühesten Betriebsgründungen gehörte die heute noch als Besichtigungsbergwerk existierende Grube Samson. Sie nahm 1521 den Betrieb auf, ab 1530 wurde gefördert. In der Endausbaustufe waren die Bergleute in einer Teufe von 810 m angelangt. Bis zum Jahre 1896 galt der Schacht der Grube Samson als einer der tiefsten der Welt. Seine Fahrkunst ist heute noch als einzige ihrer Art auf der Welt in Betrieb. 1910 kam der Bergbau von St. Andreasberg zum Erliegen.

Die historischen Gebäude der Grube Samson

12 Tour

Glaube versetzt Berge

Vom Kloster Michaelstein zum Kalkstein- und Bergbaugebiet von Rübeland

Der Tagesausflug beginnt an historischer Stätte in Michaelstein. Durch Buchenwälder erfolgt der Anstieg auf die waldfreie Kalkstein-Hochfläche. Geradezu märchenhaft sind die Formen unter der Oberfläche in den Höhlen von Rübeland.

DIE WANDERUNG IN KÜRZE

++
Anspruch

6.30 Std.
Gehzeit

26 km
Länge

Charakter: Mittelschwere Wanderung vom Harzrand in die Karstlandschaft um Rübeland bei wechselnder Qualität der Wege von der Forststraße bis zum rauen und buckligen Feldweg.

Wanderkarte: Topographische Karte 1 : 50 000 mit Wanderwegen: »Wandern im Ostharz«

Einkehrmöglichkeiten: in Rübeland, in Eggeröder Brunnen nur gelegentlich und Gasthaus Zum Klosterfischer in Michaelstein

Anfahrt: Mit dem Kfz: Von Blankenburg bis Parkplatz

Michaelstein. **Mit dem Bus:** Linie 253 von Bahnhof Blankenburg bis Waldmühle; vorzeitige Rückreise von Rübeland nach Blankenburg mit Linie 258.

Hinweise: Öffnungszeiten der Höhlen und Besichtigungsbergwerke: **Hermannshöhle, Baumannshöhle:** Juli/Aug. 9–17.30; Nov.–Jan. 9–15.30; Feb.–Juni sowie Sep./Okt. 9–16.30 Uhr; Führungen etwa alle 30 Minuten; **Schaubergwerk Büchenberg:** Führungen tgl. 10, 12, 14 und 16 Uhr; geschlossen 24. und 25. Dez. sowie 1. Jan.

Ausgangspunkt für unsere Wanderung ist das **Kloster Michaelstein** im Rippenbachtal. Wir verlassen die Klosteranlage in Richtung Blankenburg und biegen direkt hinter dem braunen Haus rechts ab, queren den Bach und steigen über eine mit Holzbohlen ausgelegte Treppe hinauf,

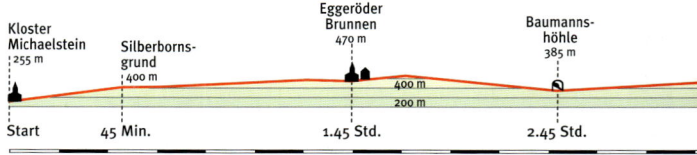

Kloster Michaelstein 255 m

Silberbornsgrund 400 m

Eggeröder Brunnen 470 m

400 m
200 m

Baumannshöhle 385 m

Start   45 Min.   1.45 Std.   2.45 Std.

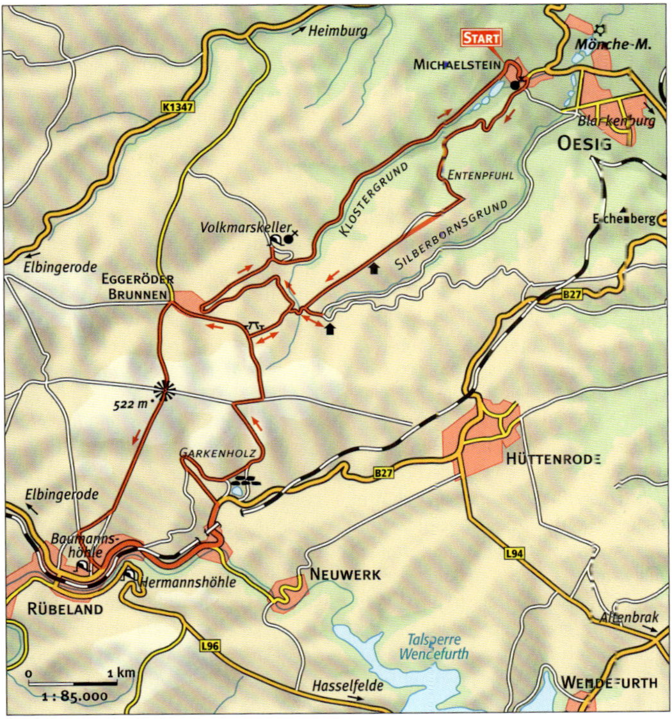

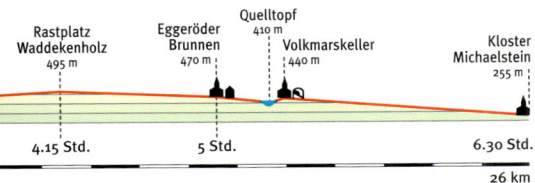

halten uns an deren Ende rechts, betreten einen Forstweg (wiederum nach rechts – Schranke) und gelangen schließlich links abbiegend auf einen Sporn, der entlang eines talförmigen Einschnittes ansteigt. Linker Hand befinden sich im hohen Buchenwald ein Tälchen und metertiefe Einschnitte, die von alten Hohlwegen zeugen.

Nach etwa 20 Minuten gabelt sich der Weg am Übergang zu einem hohen Fichtenwald. Hier müssen wir uns rechts halten. Der Fichtenbestand geht bereits nach 300 m wiederum in einen Buchenwald über. In einem langen, ansteigenden Bogen bewegen wir uns über den südlichen Oberhang des Haupttales und gelangen schließlich zu einem Holzverladeplatz. Hier befindet sich eine Rastgelegenheit am **Nordostrand des Silberbornsgrundes** (45 Min.). Von diesem Rastplatz aus benutzen wir, indem wir uns rechts halten, den Höhenweg direkt über die vor uns liegende Anhöhe. Nach 500 m biegt in einer Gabelung der Weg nach rechts ab. Nur wenige Meter dahinter müssen wir uns an der nächsten Gabelung nach links orientieren und erreichen nach weiteren 500 m im hohen Buchenwald einen Wildfutterplatz mit Hütte. Wir bleiben weiter auf dem Höhenweg (Bastweg). Er endet nach etwa 1 km auf dem Herzogsweg, wo etwa 200 m nach links die **Bärenrücken-Hütte** eine weitere Gelegenheit zur Rast bietet.

Nach Verlassen der Schutzhütte gehen wir die 200 m zurück und dann weiter nach Westen in das Tal des Klostergrundes mit sehr schönen Eschen und Erlen in der Tiefenlinie. An drei großen Eschen verlassen wir den Hauptweg und biegen über einen steinigen Fahrweg links ab in ein kleines, z. T. vermoortes Seitental des Waddekenholzes mit einem jungen Fichtenbestand zur Linken. Der Weg endet schließlich auf einem Forstweg (Richtung Eggeröder Brunnen), wo wir auch einen sehr ruhigen Rastplatz finden.

Nun führt der Weg durch den sich öffnenden Jungwald direkt hinab zur **Feriensiedlung Eggeröder Brunnen** (1.45 Std.), die am Übergang von der Hochfläche zum Tal des Klostergrundes gelegen ist. Das ehemalige Engerode ist eine historische Siedlungsstätte und fristete lange Zeit ein Dasein als Wüstung, bis dieser Platz schließlich vor 50 Jahren für den Aufbau einer Feriensiedlung wieder entdeckt wurde. Die beurkundeten Anfänge des Eggeröder Brunnens gehen bis in das

10. Jh. zurück, als Otto der Große im Jahre 956 *Egininkisrod* der Michaeliskirche am Volkmarskeller und damit dem Reichsstift Quedlinburg zuordnete. Engerode war im Mittelalter eine spezialisierte Bergbau- und Hüttensiedlung, wie die Ergebnisse intensiver Ausgrabungsarbeiten bestätigen.

Mit dem Verlassen der Siedlung endet der Weg durch den Wald und führt nun, dem grünen Kreis (29H) als Markierung folgend, durch die waldfreie Landschaft der Elbingeroder Kalksteinhochfläche. Zunächst steht im Untergrund grüner Schalstein, ein vulkanisches Gestein, an und geht dann in Kalkstein über. Der Weg steigt sanft und geradlinig bis zu einer flachen Anhöhe mit Fernsicht an. Zu dem bisher begleitenden Brockenmassiv und dem Wurmberg im Westen gesellen sich nun bei guten Sichtverhältnissen der 25 km entfernte Stöberhai im Südwesten und der 20 km entfernte Große Auerberg fast im Südosten.

Den Rand der Hochfläche erreichen wir an einem kleinen Wald, denn in ihm verbirgt sich bereits der steile Anfang eines Seitentälchens zum Bodetal. Nun wenden wir uns nach rechts (Kennzeichen 29H grüner Kreis). Dieser Weg führt weiterhin durch die Wiesenlandschaft und trifft nach etwa 500 m auf eine Kreuzung, an der wir nach links abbiegen, um uns über den Weg 27B (grünes Dreieck) Rübeland zu nähern. Nach einer Rechtskehre verlassen wir die Hochfläche und beginnen den Abstieg ins Bodetal. Etwa 200 m weiter führt am ersten Haus ein Fußweg nach links über mehrere Stufen hinab und endet genau in der Ortsmitte von **Rübeland** gegenüber dem Bahn-

Rübeland: Eingang zur Baumannshöhle

hof. Für einen Besuch der sehenswerten **Baumannshöhle** (2.45 Std.) muss man sich nach rechts wenden. 200 m weiter oberhalb befindet sich der Höhleneingang. Für eine Besichtigung bietet sich auch auf der anderen Seite des Bodetales die Hermannshöhle an.

Wir verlassen Rübeland über die B 27 nach Nordwesten und gelangen durch das enge Bodetal nach etwa 2,5 km an die Einmündung des **Peersgrundes** (vor der Rechtskurve der B 27, erkennbar am hohen Bruchsteinmauerwerk, 3.30 Std.). Hier verlassen wir die Bundesstraße und steigen im Talboden bis zur Kehre auf (davor als Wegzeichen gelber Balken). Am Gegenhang führt nach einer Rechtswendung der Weg aus dem Tal heraus. Auf der Höhe zeigt sich als Markierung ein rotes Dreieck. Der Wald lichtet sich mit dem Erreichen des Geländes oberhalb der Steinbrüche. Schließlich verlassen wir das Garkenholz nach links. Vor uns taucht die freie

Hochfläche auf. Auf der Höhe angekommen, sind zwei Routen nach Eggeröder Brunnen und zum Klostergrund möglich. Der direkte Weg führt von der Kreuzung nach links und wird uns schon vom Hinweg bekannt sein. Die rechte Alternative ist zwar länger, aber landschaftlich weitaus attraktiver.

Wir biegen deshalb nach rechts ab, nach etwa 400 m wieder nach links und gehen direkt auf den Wald zu. Im Wald setzen wir nach dem Passieren eines Gatters den Weg in gleicher Richtung fort und treffen wiederum auf den mittäglichen Rastplatz. Unmittelbar davor gehen wir wieder durch das moorige Seitental zum **Herzogsweg** und biegen nun an den Eschen, dem roten Kreis folgend, nach links ab. Dabei benutzen wir nun einen gewundenen Weg am Oberhang des Klostergrundes. An mehreren Anschnitten ist das Anstehende aufgeschlossen (z. T. Schalstein). An einem Sporn lädt eine Sitzbank zu einem Blick über das Tal ein.

Tour 12

Der Abstieg nach Michaelstein (rotes Quadrat) erfolgt nach dem Erreichen von **Eggeröder Brunnen** (5 Std.) über einen alleeartigen Weg durch den Klostergrund. Das enge Tal zeigt sich dem Wanderer stellenweise fast als Schlucht mit vielen Klippen (Ibenklippen) und Gefällstufen im Bachlauf. An den Hängen ragen schöne Einzelexemplare der

Im Bodetal

Buche auf, im Talgrund fällt vor allem im Herbst der Bergahorn durch seine gelbe Blattfärbung auf.

Allein wegen seiner großen lokalen historischen Bedeutung sollte man den Volkmarskeller, etwa 1,2 km unterhalb von Eggeröder Brunnen am Ausgang eines Seitentals des Klostergrundes besuchen (Geschichtslehrpfad). Hinreichende Informationen erhält man auf einer Schautafel. An der Abzweigung zum **Volkmarskeller** mit einem Quellteich und einer großen Fichte bietet sich noch einmal die Gelegenheit zu rasten.

Nun führt der Weg nach links aufwärts in das Seitentälchen. Nach einem kurzen Wegstück befindet sich dann rechts am Hang die alte **Höhlenkirche** von **St. Michael** im Fels. Volkmarskeller ist lediglich eine andere Bezeichnung für die 956 errichtete Höhlenkirche von St. Michael. Hier lebte die heilige Luitburg bereits in der ersten Hälfte des 9. Jh. als Klausnerin. Die Volkmarsbrüder betreuten die Christen unter den Bergleuten dieser Region und widmeten später ihre Arbeit dem Heiligen Michael. Die Höhlenkirche wurde 1210 unter das Patronat des Klosters Michaelstein gestellt. Wir gehen wieder zurück auf die Straße nach Michaelstein im Tal des Klostergrundes und setzen unseren Weg zurück zum Ausgangsort fort.

Vor den ersten von den Mönchen angelegten Fischteichen führt der Weg (rotes Quadrat) an einer geologischen Sehenswürdigkeit vorbei. Als Ergebnis einer Bohrung nach Eisenerz blieb hier eine sog. Schwefelquelle zurück. Nach etwa 1,5 km ist die **Klosteranlage von Michaelstein** (6.30 Std.) wieder erreicht.

Kloster Michaelstein

Die ersten Hinweise auf die Existenz von Michaelstein reichen ziemlich weit zurück in das Mittelalter. Nach einer Urkunde von Kaiser Otto I. aus dem Jahre 965 wurde dem Reichsstift Quedlinburg u. a. auch eine »St. Michaeliskirche bei der Höhle«, später als Volkmarskeller bezeichnet, geschenkt. Das Kloster war eine Gründung (1147) der Äbtissin Beatrix II. von Quedlinburg. 1152 wurde die Tätigkeit der Zisterzienser erstmalig erwähnt, und nach 15 Jahren wurde das Patronat des heiligen Michael auf die Neugründung übertragen. Die Reformation brachte das Ende des Klosters. Es wurde säkularisiert und bis 1807 als höhere Klosterschule genutzt. Nach 1815 existierte Michaelstein als ein selbstständiges Dorf.

Von der ursprünglicher Baumasse des Klosters ist nur noch wenig erhalten. Es erlitt im Bauernkrieg das gleiche Schicksal wie viele andere kirchliche Einrichtungen und wurde nahezu zerstört. Von der Gestalt der ursprünglich vorhandenen Klosterkirche existieren nur vage Vorstellungen. Vermutlich war sie eine dreischiffige Basilika mit Querschiff. Von der Gesamtanlage blieben der Kreuzgang und die romanischen Innenräume übrig, die heute ein Musikinstrumentenmuseum beherbergen. Sehenswert ist der Klostergarten mit 250 verschiedenen Pflanzenarten, einer Auswahl der im Mittelalter gebräuchlichen Kräuter.

Fast ein Hochgebirgstal

Das untere Bodetal zwischen Treseburg und Thale

Auf ihrer letzten Wegstrecke durch den Harz schuf die Bode einen faszinierenden, tiefen, wilden und schluchtartigen Talabschnitt mit Klippen und steil aufragenden Felswänden. Dieser Teil gehört zu den schönsten deutschen Mittelgebirgstälern.

DIE WANDERUNG IN KÜRZE

++
Anspruch

5 Std.
Gehzeit

19 km
Länge

Charakter: Leichte Wanderung auf guten Wegen; nur längerer Anstieg oberhalb Treseburg. Bei feuchten Witterungsverhältnissen besteht im Granit im steilen Gelände des Jägerstieges und oberhalb der Teufelsbrücke Rutschgefahr.

Wanderkarte: Topographische Karte 1 : 50 000 mit Wanderwegen: »Wandern im Ostharz«; für das Bodetal ist als informativer Begleiter beim Tourist Service in Thale, Rathausstr. 1 (am Bahnhof) die Broschüre »Führer durch das Bodetal« erhältlich.

Einkehrmöglichkeiten: auf dem Hexentanzplatz, in Thale, im Hirschgrund

Anfahrt: Mit dem Kfz: Aus der Richtung Stiege über Allrode und aus der Richtung Blankenburg über Altenbrak. Die günstigste Parkgelegenheit für das Kfz ist der große Parkplatz im Bodetal. **Mit dem Bus:** Mit der Linie 263 von Blankenburg, Altenbrak, Allrode, Stiege, Hasselfelde, mit der Linie 264 von Thale über Rosstrappe. Haltestellen: Treseburg, Rübezahl und Wildstein.

Fahrtzeiten der Seilbahn von Thale: Ostern–Okt. tgl. 9.30–18 Uhr, Nov.–Jan. nur an WE, Weihnachtsferien und Feb.–Ostern tgl. 10–16.30 Uhr.

Die Wanderung beginnt in **Treseburg** am **Parkplatz** unmittelbar an der Bode. Wir verlassen den Ort in Richtung Süden bis zum Haus Nr. 26 der Ortsstraße, queren hinter dem Wegweiser die Luppbode und folgen dem

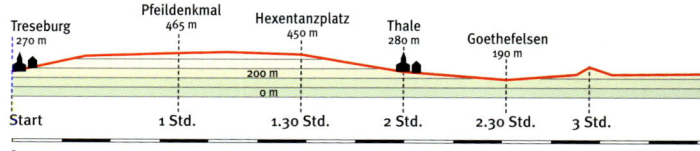

Treseburg 270 m · Start · Pfeildenkmal 465 m · 1 Std. · Hexentanzplatz 450 m · 1.30 Std. · Thale 280 m · 2 Std. · Goethefelsen 190 m · 2.30 Std. · 3 Std. · 200 m · 0 m

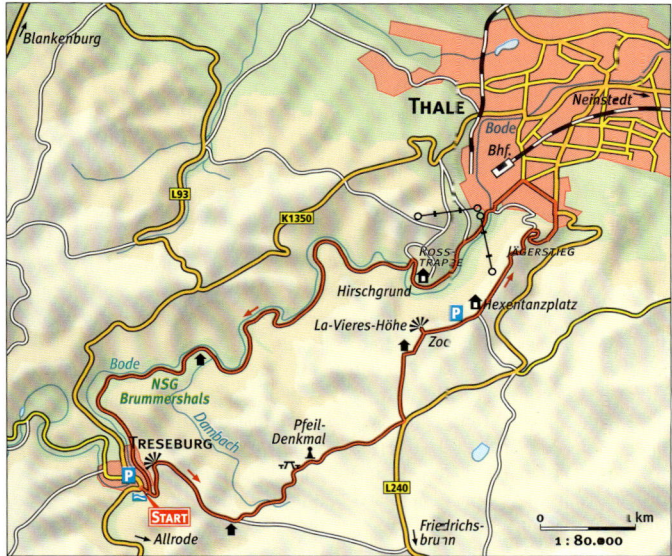

Weg 32C (roter Kreis) bis Hexentanzplatz. Im Tal beginnt ein kontinuierlicher, etwa 30 Minuten dauernder Anstieg. Er führt an einzelnen kleinen Klippen vorbei durch Mischwald, der vorwiegend aus Eichen, Buchen und Hainbuchen besteht, auf die Anhöhe. Unmittelbar vor dem Ende des Anstiegs wird an der **Aussichtsplattform Weißer Hirsch** der Blick in das Bodetal mit Treseburg freigegeben.

Auf der Höhe ändern sich die Wegverhältnisse. Wir biegen nach rechts auf die hauptsächlich durch Buchenwald führende Forststraße ab. An der Schutzhütte **An der Hage-**dornstraße verlassen wir die Forststraße und gehen nach links ins Dambachtal, um uns dann beim Erreichen der Talsohle nach rechts zu wenden. Auf dem Anstieg zur Hochfläche lädt im hohen Buchenwald unweit des **Pfeil-Denkmals** (2 Std.) ein Sitzplatz zum Verweilen ein. Wir bleiben auf demselben Weg und treffen etwa 1,1 km nach Verlassen des Denkmals auf die Fahrstraße Thale–Friedrichsbrunn. Unmittelbar an der Straße biegen wir dann links nach Norden ab, bleiben in Höhe eines nach links abzweigenden Pfades auf dem Hauptweg, gehen nach halbrechts weiter und folgen der Markierung bis zum Rastplatz unmittelbar vor dem Tierpark. Der Weg führt nun durch den Wald am Zaun des Zoos entlang.

Ein Schild auf der linken Seite weist auf den 200 m entfernten Aussichtspunkt La-Vieres-Höhe hoch über der Bode hin. Auf diesem Abstecher be-

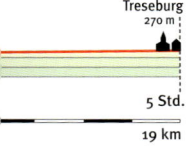

Treseburg
270 m

5 Std.

19 km

findet sich der Betrachter unmittelbar gegenüber den imposanten, fast senkrechten Granitwänden der Rosstrappe und über dem im Tal liegenden romantischen Plätzchen des Hirschgrundes.

Wieder auf dem Weg oberhalb des Bodetales erreichen wir den **Hexentanzplatz** (1.30 Std.), der fast 240 m über dem Talgrund gelegen ist. Der Blick in das Tal ist für einen Mittelgebirgswanderer ungewöhnlich. Der tiefe und enge Taleinschnitt der Bode hat hier am Rand des Harzes eher den Charakter einer alpinen Schlucht. Leicht rosa, durch Klüfte in große Quader aufgeteilt, zeigt sich der anstehende Granit. Am oberen Talrand sind pfeilerförmige Felsburgen als Klippen stehen geblieben. Taleinwärts ändert sich der Charakter der Landschaft durch weniger steile, z. T. mit Blockhalden besetzte Hänge. Mit der Stille der Wälder ist es am Hexentanzplatz vorbei. Auf dem riesigen Parkplatz lassen an- und abfahrende Busse und Pkw den Besucherstrom nicht abreißen. Zusätzliche Menschenmassen bringt die von Thale heraufführende Seilbahn mit.

Auf dem vom Parkplatz des Hexentanzplatzes abzweigenden Weg zum Harzer Bergtheater muss man sich für etwa 300 m in den Strom der Ausflügler einordnen. Fast völlig allein sind wir wieder, wenn wir dann etwa 100 m vor dem Harzer Bergtheater rechterhand dem Wegweiser folgen und über den romantischen, manchmal etwas beschwerlichen, aber doch gut gesicherten **Jägerstieg** Richtung Thale absteigen. Im oberen Teil windet sich der Steig teilweise über Treppen an Granitwänden und -klippen entlang, bis wir schließlich nach allmählich sanfter werdenden Windungen (Streckenteil

Winde) tief unten im östlichen Seitental der Bode an einem kleinen Staudamm ankommen. Mit der Walpurgisstraße betreten wir das Stadtgebiet von **Thale** (2 Std.).

Der Ursprung dieser Kleinstadt reicht weit in das Mittelalter zurück. Auf ihrem Gebiet wurde bereits im Jahre 825 mit dem Kloster Wendhusen das älteste Kloster des Harzes gegründet. Die benachbarte Siedlung, das spätere Thale, hatte ursprünglich den Namen *Dorp to dem Dale*.

Die bei Thale und Treseburg vorkommenden Erze wurden dort mit Holzkohle verhüttet. Die Gewinnung von Eisen geht bis in das 12./13. Jh. zurück. Großer Holzreichtum in der unmittelbaren Umgebung begünstigte die Eisenverarbeitung. Eine erste urkundliche Erwähnung finden die Hütten im Jahre 1445. 1686 erfolgte die Gründung des Vorläufers der späteren Eisenhüttenwerke Thale. Thale ist heute eine Stadt mit 17 000 Einwohnern.

Nach etwa 300 m verlassen wir die Walpurgisstraße und biegen nach links in die Rudolf-Breitscheid-Straße ab, um in das Bodetal zu gelangen. Nach etwa 400 m zweigt links die Hubertusstraße ab, die am Friedenspark vorbei direkt zur Bode führt.

Von der **Hubertusbrücke** in Höhe der Seilbahn-Talstation sehen wir nun den über große Granitblöcke hinwegströmenden Harzfluss vor uns. Die Bode wird uns auf dem zweiten Abschnitt der Wanderung durch eine der schönsten Talstrecken im gesamten Harz begleiten. Bis zum 11 km entfernten Treseburg liegt eine Tallandschaft vor uns, deren schluchtartiger Charakter uns trotz bequemen Weges auf den ersten 4 km in Atem halten wird. Die an-

Granitklippen am Hexentanzplatz

schließende Strecke durch eine fast lieblich zu nennende Umgebung lässt uns dann wieder aufatmen. Schautafeln am Wegesrand informieren über die lokale Tier- und Pflanzenwelt. Außerdem sind die 20 wichtigsten Sehenswürdigkeiten des Tales auf dieser Strecke durch Holztafeln ausgewiesen (siehe »Führer durch das Bodetal«).

An der **Seilbahn-Talstation** folgen wir dem Talweg 38A (blaues Dreieck; nördliche Route Harzer Hexenstieg). Er führt nun auf der linken Talseite (Nordwestseite) durch Wald. Am **Katersteg,** der zweiten von vier Brücken bis Treseburg, erinnert das Re-

lief einer Wildkatze daran, dass an dieser Stelle der Förster Raspe im Jahre 1907 in einer Nacht sieben Exemplare des ›Harzer Tigers‹ erlegt haben soll. Unweit dieses Punktes ragt der Granit mit einer steilen Klippe in das Bodetal. Ursprünglich besaß dieser Fels den Namen Siebenbrüderfelsen. Nach der Sage sollen hier sieben böse Brüder eine schöne Jungfrau überfallen haben. Sie rief die Berggeister um Hilfe, die ihr dadurch halfen, dass sie die Gewalttäter in sieben Felsen verwandelten, deren Gestalt heute u. a. den Köpfen eines Uhus, einer Katze, eines Elefanten und eines Teufels ähnelt.

Anlässlich des 200. Geburtstages von Johann Wolfgang von Goethe am 28. August 1949 benannte den Kulturbund den Felsen in **Goethefelsen** (2.30 Std.) um. Goethe hielt sich 1784 im Bodetal auf.

Das Tal wird nun zunehmend enger. Idyllisch gelegen ist die Gaststätte Am Hirschgrund unmittelbar unterhalb des Sporns der Rosstrappe.

Nach einer Rast über der Bode setzen wir den Weg durch das Tal fort. Wenige hundert Meter oberhalb der Jungfernbrücke trifft man am Hang die im deutschen Wald selten gewordene Eibe an. Sie steht inzwischen unter besonderem Schutz. Etwas ungewohnt ist auch der Anblick von Kiefern in dieser Umgebung, die wegen ihrer Anspruchslosigkeit sogar auf Felsgraten gedeihen. Der Weg steigt an. Mit dem Queren der 1863 gebauten **Teufelsbrücke** verlassen wir den nördlichen Teil des Bodetales. Bis Treseburg haben wir noch 8 km zurückzulegen. Über den Granit steigt nun der Pfad zu einem Sporn eines deutlich ausgeprägten Mäanderbogens an (3 Std.).

Steil ragen dort noch die Granitwände auf. Bis hierher hat nur dieses Gestein den Charakter des Tales geprägt, denn wegen der hohen Widerständigkeit des Granites gegenüber der Erosion konnte die Bode nur ein enges, klammartiges Tal schaffen. Zu diesem engen Talabschnitt gehört auch der auf dieser Strecke einzusehende Bodekessel, ein sog. Strudeltopf oder Kolk mit einem Durchmesser von etwa 5 Metern, den die hinabstürzende Bode mit ihrer Gesteinsfracht aus dem Felsuntergrund im Laufe der Jahrtausende herausgeschliffen hat. Diese besonderen Verhältnisse im

Bereich des Flussbettes erschwerten die bis ins vorige Jahrhundert betriebene Flößerei. Ein ursprünglich vorhandener Wasserfall behinderte den Transport der Baumstämme. Er wurde im Jahre 1784 gesprengt. Der Granit steht hier im Tal noch bis in eine Höhe von 100 m über der Talsohle an. Weit oberhalb des Flusses künden glatt geschliffene Felspartien von der erodierenden Wirkung der vorzeitlichen Bode.

Nach Überwindung des Anstiegs ändert sich der Charakter des Tales. Wir haben die Obergrenze des Granits erreicht. Das Rauschen der Bode nimmt ab, die Hänge sind nicht mehr so schroff. An dieser Stelle sind direkt am Weg besondere Gesteinsverhältnisse aufgeschlossen. Der Granit steht im Kontakt mit dem Nebengestein, das unter der Hitzeeinwirkung der ursprünglichen Granitschmelzmasse zu einem Hornfels verändert wurde.

Wir verlassen das Granitgebiet. Mit Annäherung an Treseburg wird das Gelände flacher, und die Wege sind leichter begehbar. Der hier wachsende Laubwald besteht aus Rotbuchen, Hainbuchen, Sommerlinden und Bergahorn. Im Bereich des Naturschutzgebietes Brummershals in Höhe einer Schutzhütte an der Mündung des **Dambaches** (4 Std.) wächst mit z. T. über 20 m hohen Bäumen ein alter Buchenbestand. Am nordöstlichen Ausläufer des Hagedornsberges springt noch einmal eine fast schwarze, senkrechte Klippe aus Hornfels spornartig bis zur Bode vor, anschließend tauchen dann nur noch kleinere Klippen am Wegrand auf.

Auf dem letzten Kilometer vor Treseburg wird der Weg schließlich flach, so dass ohne Mühe das Ziel, der **Parkplatz im Bodetal** (5 Std.), erreicht werden kann.

Berg und Tal um Friedrichsbrunn

Von Friedrichsbrunn durch Seitentäler der Bode nach Treseburg

Vom auf der Höhe gelegenen Friedrichsbrunn begeben wir uns durch ein Seitental hinab zur tief eingeschnittenen Bode und zum beschaulichen Ort Treseburg. Der Rückweg führt durch das wildromantische Luppbodetal wieder hinauf auf die bewaldete Hochfläche.

DIE WANDERUNG IN KÜRZE

++
Anspruch

4.30 Std.
Gehzeit

16 km
Länge

Charakter: Leichte Wanderung durch Seitentäler der Bode und über Hochflächen. Im Tiefenbachtal und im Rabental ist der Weg streckenweise etwas beschwerlicher und steiniger. Auf der Höhe sehr gute Forststraße.

Wanderkarte: Topographische Karte 1 : 50 000 mit Wanderwegen: »Wandern im Ostharz«

Einkehrmöglichkeiten: In Treseburg

Anfahrt: Mit dem Kfz: Aus dem Raum Halberstadt und Magdeburg über Quedlinburg. **Mit dem**

Bus: Mit der Linie 31 von Quedlinburg, Bad Suderode, Stolberg, Güntersberge, mit der Linie 18 von Thale und Treseburg bis Friedrichsbrunn Ortsmitte.

Hinweis: Es ist bei dieser Wanderung angebracht, am Vormittag bzw. in der frühen Mittagszeit in das Tal nach Treseburg hinabzusteigen und am Nachmittag wieder über die Höhen zurückzukehren, denn gerade im Herbst könnte der Aufstieg von Treseburg auf die Hochfläche sonst im Dunklen verlaufen.

Friedrichsbrunn ist ein 1774/75 gegründetes preußisches Kolonistendorf und wurde nach Friedrich II. benannt. Die ersten Einwohner lebten vor allem von der Holzfällerei und der Köhlerei und Ende des 19. Jh. von der Anzucht und dem Verkauf von Weihnachtsbäumen, bis ab 1890 immer mehr der Fremdenverkehr an Bedeutung gewann.

Etwa gegenüber der **Kirche in der Ortsmitte** von Friedrichsbrunn gehen wir nach Nordwesten in die Forststraße. Unmittelbar hinter den letzten Häusern fängt der Wald an. Nachdem wir die Forststraße bis zum Ende durchgegangen sind, biegen wir nach rechts zum Schützenplatz ab und begeben uns bereits nach 50 m nach links auf die Waldstraße. Hinter der Hochspannungsleitung verläuft die Route nach links als ›Siebenwasserweg‹ in das Tiefenbachtal.

In diesem obersten Teil des Tales herrschen Fichten und Lärchen im

Tour 14

Baumbestand vor. In den unteren Partien werden die Nadelgehölze von den Buchen abgelöst. Wir gehen auf der nördlichen Talseite am **Hotel zum Tiefenbach** vorbei und gelangen zum Karpfenteich, wo eine große Fichte als Naturdenkmal aufragt. Unterhalb dieses Fischteiches bleiben wir im Bereich der Talsohle, folgen einem Weg durch einen Jungwald und erreichen nach Querung des Baches einen Forstweg am linken Ufer. Durch höheren Wald setzen wir die Wanderung rechts abbiegend in einer abwechslungsreichen Tallandschaft fort.

An den Hängen tauchen Klippen auf und verleihen der Umgebung einen schluchtartigen Charakter. Einzelne dieser mit Flechten und Moosen besetzten Härtlinge bestehen aus Kieselschiefer. Im Talgrund gedeihen dem feuchten Standort entsprechend Eschen und Erlen. Etwa auf halber Strecke (Markierung gelber Balken) durch das Tiefenbachtal mündet unser Talweg in den Verbindungsweg Thale-Allrode ein. Wir biegen nach rechts ab, queren wiederum den Bach und gehen am Meilenstein nach links über die Talsohle weiter. Die Wegverhältnisse bessern sich. Unmittelbar darauf passieren wir die **Schutzhütte Lehmwandschlucht**. Etwa eine Stunde, nachdem wir Friedrichsbrunn verlassen haben, erreichen wir in diesem einsamen Tal mit seinen steilen und hohen Hängen und Klippen das Gebiet der **Wiedertäuferei** (1 Std.) und ver-

lassen nach weiteren 1,5 km schließlich über eine Forststraße das Tiefenbachtal, das in das Luppbodetal einmündet. Hier ändert sich das Wegezeichen (gelbes Quadrat und roter Balken). Nach der Rechtswendung in das Haupttal begleitet uns nun die Luppbode – sie wird uns bis Treseburg treu bleiben –; schon 20 Minuten später werden im Talgrund die ersten Häuser und das Schwimmbad des Ortes sichtbar. Mit dem Betreten **Treseburgs** (1.45 Std.) haben wir unser Mittagsziel erreicht. Die Luppbode, die uns auf dem letzten Teil der Wegstrecke begleitet hat, mündet hier in die Bode. Zum Mittagsmahl sollte man sich eine der von Fontane so gerühmten Bodeforellen gönnen.

Wer sich ein wenig in der nahen Umgebung von Treseburg umsehen möchte, sollte der Ruine der **Treseburg** und dem Kriegerdenkmal einen Besuch abstatten. Beide sind auf einem von der Bode umflossenen Sporn gelegen und bieten etwa 50 m über dem Tal einen schönen Ausblick auf den Verlauf des Flusses und Treseburg.

Die nur noch in unscheinbaren Überresten vorhandene Treseburg wurde 965 erbaut. Erwähnung findet sie in Aufzeichnungen aus dem Jahre 1080 über Kämpfe Heinrichs IV. mit den Sachsen und fiel 1525 der Zerstörung im Bauernkrieg zum Opfer. Burgplatz, Wälle und Graben einschließlich einiger Mauerreste sind heute unter einer Grasnarbe ver-

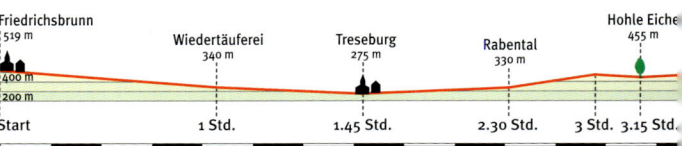

Friedrichsbrunn
519 m

Wiedertäuferei
340 m

Treseburg
275 m

Rabental
330 m

Hohle Eiche
455 m

400 m

200 m

Start   1 Std.   1.45 Std.   2.30 Std.   3 Std. 3.15 Std.

schwunden. Erst im Jahre 1777 wurde der Ort Treseburg gegründet. Die ersten Häuser wurden mit Steinen der geschleiften Burg erbaut.

Nach dem Ausflug in die Geschichte Treseburgs treten wir den Rückweg durch das Luppbodetal an und verlassen den behaglichen Ort hinter dem Haus der Ortsstraße Nr. 26, dem gelben Quadrat und roten Balken folgend, zunächst auf dem gleichen Weg wie auf dem Hinweg. An der Einmündung des Tiefenbachtals bleiben wir jedoch im **Luppbodetal** und gehen weiter talaufwärts.

In dem engen Tal begleiten viele Klippen und ein alter Bergbaustollen den gut begehbaren, aber nicht immer trockenen Weg. Nach etwa

30 Minuten (ab Treseburg) führt der Weg in das als Kerbtal ausgebildete **Rabental** (2.30 Std.) auf der linken Seite. Wegen seiner Steilheit ist der Pfad etwas beschwerlicher. Nach etwa 700 m verlassen wir das Rabental nach rechts in ein Tälchen in Richtung Allrode (40C, gelbes Quadrat, roter Balken), dessen Hänge mit Annäherung an die Hochfläche immer flacher werden. Auf der Höhe mündet der Weg in eine Wegspinne ein. Wir halten uns ganz nach links und bleiben auf der Forststraße bis wir nach etwa 400 m nach einer Rechtskurve auf den **Kreuzungspunkt nördlich des Brumshalses** (3 Std.) stoßen. Dort biegen wir hinter dem Zaungehege nach links ab und treten den Rückweg über die Höhen nach Friedrichsbrunn an.

Diese Forststraße führt an der **Hohlen Eiche** (3.15 Std.), einem mehrere Jahrhunderte alten Baum, vorbei. 10 Minuten später kann man das nächste Naturdenkmal, die **Adlereiche,** bewundern. Der bequeme Fahr- und Wanderweg lässt die

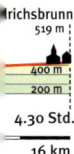

richsbrunn
519 m

400 m
200 m

4.30 Std.

16 km

73

letzte Strecke leichter zurücklegen, so dass bald Friedrichsbrunn und der hinter dem Ort aufragende Ramberg zu sehen sind. Der Rest des Weges verläuft am Rande der zur Bode entwässernden Seitentäler über eine sehr gute Forststraße durch Mischwald mit z.T. sehr hohen alten Bäumen und einem schönen Ausblick auf Friedrichsbrunn. Im Ort führt diese Straße zur »Forststraße« auf der wir nach rechts abbiegen und zum Ausgangspunkt an der **Kirche** (4.30 Std.) zurückkehren.

Am Karpfenteich im Tiefenbachtal

Vom Burgfelsen zu Felsburgen

Rund um Blankenburg von der Burg Regenstein zur Teufelsmauer
Nur etwa 1 km von einem weniger sehenswerten Industriegebiet entfernt taucht der wildromantische und historisch bedeutsame Regenstein auf. Beschaulichkeit vermittelt das Goldbachtal mit seinen ehemaligen Mühlen.

DIE WANDERUNG IN KÜRZE

++
Anspruch

5.30 Std.
Gehzeit

22 km
Länge

Charakter: Einfache, aber längere Wanderung durch Tal- und Hügellandschaften des nördlichen Harzrandes. Vielfältige, gute Wege bis zur leichten Kletterei auf der Teufelsmauer.

Wanderkarte: Topographische Karte 1 : 50 000 mit Wanderwegen: »Wandern im Ostharz«

Einkehrmöglichkeiten: Festung Regenstein, Birkentalsmühle, Michaelstein Zum Klosterfischer, Schloss Blankenburg

Anfahrt: Mit dem Kfz: Aus dem Raum Magdeburg über die B 81, von Braunlage über die B 27 und Bad Harzburg über die B 6. **Mit dem Bus:** Mit der Linie 253 von Thale bzw. Wernigerode; mit der Linie 261 von Halberstadt, Hasselfelde; mit der Linie 258 von Wernigerode, Elbingerode und Rübeland, jeweils bis Hbf. **Mit der Bahn:** Von Königshütte ca. 1 Std., von Halberstadt 30 Min.

Hinweis: Die Burgruine Regenstein ist vom 1. April–31. Okt. täglich von 10–18 Uhr, in der Zeit vom 1. Nov.–31. März nur Mi–So von 10–16 Uhr geöffnet.

Ausgangspunkt ist der **Bahnhof von Blankenburg.** Wir biegen nach Verlassen des Bahnhofs nach rechts in die Friedenstraße ein und gelangen dann wiederum nach rechts auf die Weinbergstraße. Dabei folgen wir dem roten Dreieck und dem grünen Kreis. Der Weg führt uns zunächst an Industriebauten vorbei, später durch die Unterführung der Eisenbahnstrecke Blankenburg–Königshütte. Über einen breiten, geraden Feldweg gehen wir direkt auf den Waldrand zu. Nun steigt das Gelände über einen Waldpfad bis zur Festung Regenstein an. Unsere Route führt durch ein Tälchen. Rechts und links türmen sich Felsen aus grauem Sandstein auf. Einzelne, meterhohe Blöcke sind herabgestürzt und liegen unterhalb der Wände. Die durch die Felsen und das Dunkel des Waldes erzeugte Stimmung vermittelt das Gefühl, sich auf einer Naturbühne zu bewegen. Für etwa 600 m wandern wir durch diese Szenerie, wobei

Festung Regenstein

auch ein treppenartiger Steig zu überwinden ist. Der Weg endet vor einer Mauer, in der im letzten Moment der Durchlass sichtbar wird. Plötzlich, wieder ins Helle tretend, befinden wir uns mitten in der **Festungsanlage Regenstein** (30 Min.). Die Festung ist aus landschaftlicher und strategischer Sicht außerordentlich günstig gelegen. Von den hoch hinaufragenden Felsen hat man eine sehr gute Rundumsicht. Außerdem lässt sich der weiche Kreidesandstein leicht bearbeiten, so dass schon in sehr früher Zeit Räume in den Fels geschlagen wurden. Wir verlassen die Festungsanlage über die Fahrstraße. Etwa 200 m hinter dem Tor und noch vor dem Parkplatz biegen wir, dem gelben Kreuz folgend, rechts ab in den Kiefernwald mit seinen kleinen Felsburgen. Nach 500 m benutzen wir einen rechts abzweigenden Pfad zu einem alten Hohlweg aus dem Mittelalter. Es handelt sich um einen Teil des Wirtschaftsweges vom Vorwerk und der Bedienstetensiedlung Nienrode zur Festung Regenstein. Die Wagenräder haben im Laufe der Zeit tiefe

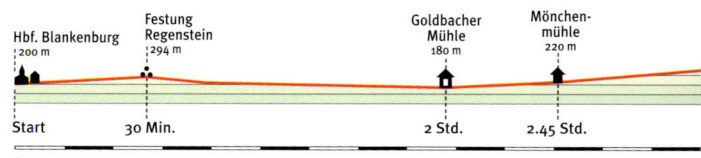

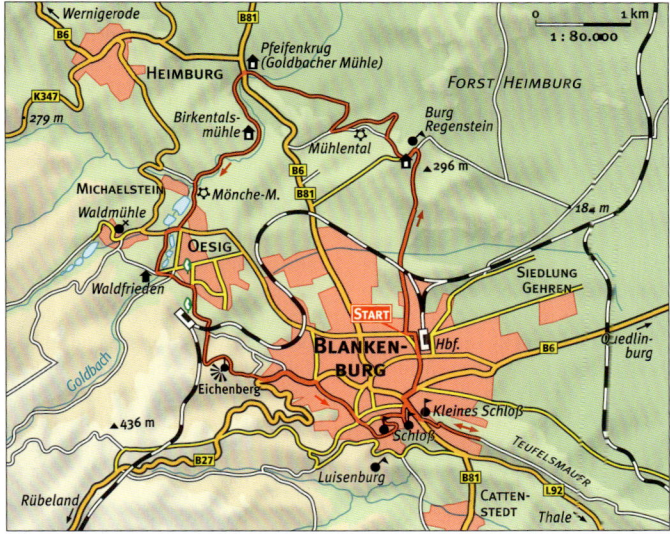

Rinnen in den Sandstein-Untergrund gefräst. An steileren Abschnitten des Weges sind Stufen in den Fels eingearbeitet, um den Zugtieren das Steigen zu erleichtern. Ein seitlicher Laufsteg war für die Gespannführer vorgesehen.

Wir folgen dem Weg 200 m nach unten und biegen dann links ab, um zur **Regensteinmühle** zu gelangen. Sie befand sich im Besitz der Grafen von Regenstein, wurde in der zweiten Hälfte des 12. Jh. erbaut und war bis Mitte des 15. Jh. in Betrieb. Die Anlage verfiel, bis sie im 17. und

18. Jh. in das Verteidigungssystem der Festung Regenstein einbezogen wurde. Dadurch erlitt sie im Jahre 1758 dasselbe Schicksal wie die Festung und wurde gesprengt. Gegen Ende der 1980er Jahre wurde sie wieder ausgegraben und restauriert. Das Antriebswasser erhielt die Mühle über einen 2 km langen Graben aus dem Goldbach. Zwei 20 m lange Stollen durch den Fels stellen die Verbindung zu den Wasserrädern am Hang her. Die hier verwendeten Mühlsteine kamen aus den verschiedensten Gegenden Deutschlands.

Nun folgen wir dem Wassergraben und begeben uns nach rechts auf einen den Weg durch ein kleines Tal, wo wir an der nächsten Gabelung den linken Weg benutzen. Nach 200 m haben wir den Waldrand erreicht. Die nach links abbiegende Schotterstraße endet nach etwa 1 km an der **Goldbacher Mühle** (heute Pfeifenkrug, 2 Std.), deren Anfänge als

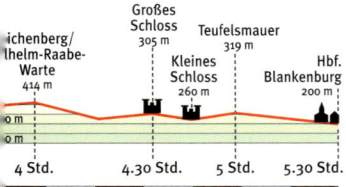

Mahlmühle bis in das 14. Jh. zurückreichen.

Nachdem wir die Mühle passiert haben, queren wir die B 6/81 und biegen vor dem Goldbach nach links in die Aue ab. Ab hier verläuft der Weg über den Talboden und ist unbefestigt.

Etwa 1 km gehen wir am Ufer des Goldbaches entlang. Dann queren wir ihn und setzen unsere Wanderung über einen befestigten Fahrweg bis zur nächsten Mühle, dem heutigen **Gasthof Birkentalsmühle,** fort. Diese befand sich nach der ersten Erwähnung 1283 im Besitz des Ortes Heimburg. 1900 wurde der Betrieb eingestellt, und 1930 erfolgte der Umbau zu einem Gasthaus. An der Mühle queren wir den Bach erneut und betreten nun einen Auenwald, dessen Boden mit Bärlauch bedeckt ist, der nach der Blüte im Mai einen knoblauchartigen Geruch verströmt. Der Waldabschnitt endet nach 1,2 km an der **Mönchemühle** (2.45 Std.), die bereits 1267 von den Mönchen des Klosters Michaelstein erworben wurde.

Der Weg führt nun durch einen Laubwald an einer Reihe von Teichen vorbei, die jeweils mit dem Bach verbunden sind. Am Ende des Waldweges gehen wir nach rechts über die Brücke und treffen auf den aufgegebenen **Gasthof Waldfrieden.** Wenn wir hinter dem Haus an der Schranke auf die Forststraße gelangen, müssen wir links abbiegen. Damit verlassen wir das Tal des Goldbaches (Markierung blauer Kreis), gehen an Ortsrand von **Oesig** bergauf in den Wald hinein und betreten einen kleinen Platz mit einer großen Linde. Wir gehen an dem großartigen Baum vorbei und wählen vor uns den Weg, der am Waldrand entlang zwischen zwei Ahornbäumen

hindurchführt. Nach 500 m taucht eine große Eiche auf der rechten Seite auf. Dahinter biegt die Route nach rechts ab, wir passieren die Unterführung einer Bahnlinie und beginnen dahinter auf der rechten Seite eines kleinen Tales den Anstieg auf den Eichenberg. Nach dem Wechsel der Talseite endet dieser Weg über eine Treppe vor einer Kurve der Zufahrtsstraße zum Eichenberg unmittelbar neben der Bahnlinie. Eine Bank lädt zur Rast. Überaus Eilige können nun einen engen und steilen Steig zum Gipfel benutzen. Andere werden sich freuen, über die bequeme und weniger beschwerliche Forststraße an Höhe zu gewinnen. Nach etwa 350 m geben in der Nähe der Schutzhütte die Bäume den Blick auf die unter uns liegenden Stadt Blankenburg frei.

Die Stadt am Nordrand des Harzes ist der Hauptort des vormals gleichnamigen Fürstentums. Sie wurde im 13. Jh. gegründet und war der Sitz der Regensteiner Grafen. Ende des 16. Jh. fiel Blankenburg an das Herzogtum Braunschweig. Beherrschendes Gebäude ist das Große Schloss. An seiner Stelle stand ursprünglich die Burg der Herren von Blankenburg. Diese wurde 1182 von Friedrich Barbarossa belagert und schließlich zerstört. An ihrer Stelle steht seit 1546 das Schloss. Im Dreißigjährigen Krieg wurde Blankenburg von den Reichstruppen heimgesucht. Im Jahre 1836 richtete eine Feuersbrunst einen verheerenden Schaden an: Sie zerstörte 60 Häuser.

Leider macht der Gipfel des Eichenberges mit der 1896 erbauten, aber heute unzugänglichen Wilhelm-Raabe-Warte (4 Std.) und den zugemauerten Gebäuden einen sehr verlassenen Eindruck. Jedoch scheint diese etwas trostlose Umgebung im

Zwielicht der tief stehenden Abendsonne aufzuleben und lädt mit seiner Ruhe zum Verweilen ein.

Für die ersten 250 m des Abstiegs benutzen wir die Straße. Dann nehmen wir auf der rechten Seite einen teilweise getreppten Pfad, der in einer Kolonie von Wochenendhäusern auf einer schmalen Straße endet. Wir setzen unseren Abstieg nach rechts fort und gelangen schließlich zur B 27, auf der wir nach links stadteinwärts gehen, bis auf der rechten Seite die Welfenstraße abzweigt. An ihrem Ende befindet sich der Zugang zum Großen Schloss. Nur wenige Minuten später können wir von der Terrasse des **Schlosses** (4.30 Std.) auf die Stadt hinabschauen.

Ursprünglich stand auf dieser Anhöhe hoch über der Stadt die schon im Jahre 1123 erwähnte und 1548 zu einem Renaissanceschloss umgebaute Blankenburg. In seiner heutigen Form existiert das Schloss seit 1731 und diente seinerzeit Herzog Ludwig Rudolf von Braunschweig-Wolfenbüttel als Residenz.

Die beiden nächsten Ziele, die Bartholomäus-Kirche und das Rathaus befinden sich unmittelbar unter uns. Über einen von der Terrasse hinabführenden gepflasterten Weg verlassen wir den Schlossberg und steigen anschließend über Treppen zur **Bergkirche St. Bartholomäus,** deren Bau vermutlich im 13. Jh. begonnen wurde, ab. Die ursprünglich romanische Basilika erfuhr im 14. Jh. einen Ausbau zu einer dreischiffigen gotischen Hallenkirche.

Stadteinwärts trifft man nur wenig unterhalb der Kirche auf den Markt und das im Jahre 1233 erbaute **Rathaus.** 1584 erfolgte auf gotischen Resten ein Umbau im Renaissancestil. Später eingemauerte Kanonenkugeln erinnern an den Beschuss der Stadt im Dreißigjährigen Krieg. Über dem Portal ist das Wappen der Braunschweiger Herzöge und über dem Balkon das Wappen der Stadt angebracht.

Ein architektonisches Kleinod ist das **Kleine Schloss** (1725) mit seinem Barockgarten. Vom Rathaus folgen wir der Marktstraße bis zum Ende, wo dann auf der rechten Seite das ursprüngliche fürstliche Gartenhaus steht.

Vor dem Schloss beginnt der Weg zur letzten Sehenswürdigkeit dieser Wanderung. Wir gehen auf der Schnappelberg-Straße nach rechts und treffen nach 300 m auf den Großvaterweg. Er steigt auf der linken Seite der Straße zum besten Aussichtspunkt einer Mauer an, die zwar der Teufel geschaffen haben soll, die aber in Wirklichkeit ein Produkt der Gesteinsverständigkeit und der Abtragung ist. Es ist die **Teufelsmauer** (5 Std.). Vom Großvaterweg führt zwischen den Garagen des Hotels Großvater ein Steig über den Sandsteinrücken bis zu dem ›großväterlichen‹ Aussichtsfelsen, wo wir noch einmal den zurückgelegten Wanderweg mit allen seinen Stationen betrachten können. Mit diesen schönen Eindrücken nehmen wir den Abstieg in Angriff. Sorgfältig sichernd verlassen wir die nicht immer leicht begehbaren Felsen, bis wir schließlich auf die Straße Teufelsmauer stoßen. Das letzte Stück des Abstiegs führt uns über die Hasselfelder Straße stadteinwärts bis zum Lühner Torplatz. Über die an der Westernhäuser Straße (B 6) abbiegende Herzogstraße erreichen wir das Ziel, der **Bahnhof** (5.30 Std.), in Sicht.

Wälder und kunstvolle Fassaden

Rundgang durch die waldreiche Natur um Wernigerode

Trotz der vielen architektonischen Sehenswürdigkeiten dieser bezaubernden Kleinstadt am Harzrand ist es auch sehr reizvoll, Wernigerode mit Abstand zu betrachten. In den Wäldern der Umgebung findet man die Ruhe, die man in der Stadt vermisst.

DIE WANDERUNG IN KÜRZE

++
Anspruch

4.30 Std.
Gehzeit

17 km
Länge

Charakter: Leichte Wanderung mit einzelnen Anstiegen durch den Nordrand des Harzes auf guten Straßen und Waldwegen, steiler Anstieg oberhalb Nöschenrode.

Wanderkarte: Topographische Karte 1 : 50 000 mit Wanderwegen: »Wandern im Ostharz«

Einkehrmöglichkeiten: verschiedene in Wernigerode, Berghotel Armeleuteberg, Schlossterrasse Wernigerode

Anfahrt: Mit dem Kfz: Von Halberstadt und Magdeburg über die B 81, von Goslar und Bad Harzburg über die B 6 und aus dem Hochharz über die B 244. Das Fahrzeug stellt man am besten auf dem großen Parkplatz an der Halberstädter Straße ab. **Mit dem Bus:** Mit der Linie 253 von Blankenburg, Thale, mit der Linie 252 von Halberstadt; mit der Linie 257/876 von Schierke, Braunlage, Elend; mit der Linie 258 von Elbingerode, Rübeland jeweils bis Hbf. **Mit der Bahn:** Von Halberstadt, Vienenburg und Magdeburg; mit der Harzer Schmalspurbahn von Nordhausen aus.

Wir verlassen den **Parkplatz** an der Altstadt von **Wernigerode**, queren die Halberstädter Straße und benutzen die Lindenallee. Sie führt am Lustgarten, einem im Jahre 1713 angelegten Park, vorbei. Dieser ursprüngliche Barockgarten präsentiert sich heute im Stile eines engli-

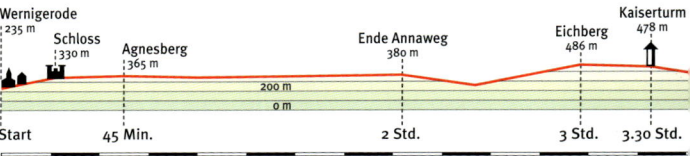

Wernigerode 235 m · Schloss 330 m · Agnesberg 365 m · Ende Annaweg 380 m · Eichberg 486 m · Kaiserturm 478 m

200 m · 0 m

Start · 45 Min. · 2 Std. · 3 Std. · 3.30 Std.

o

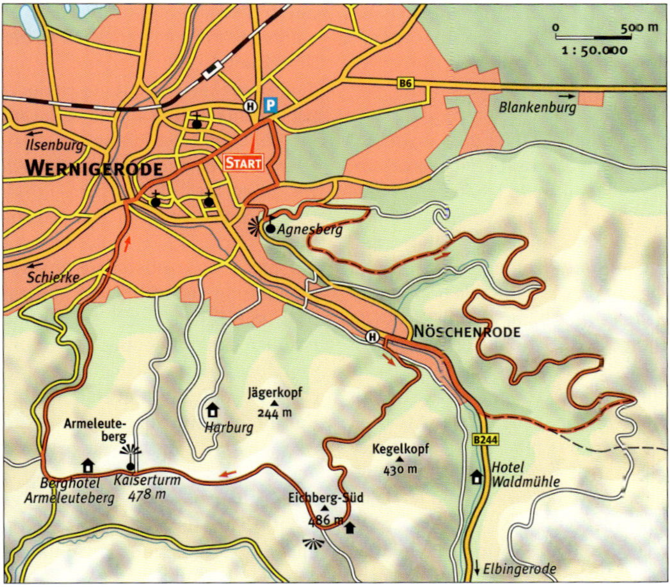

schen Landschaftsparkes. Die Lindenallee biegt an seinem oberen Ende rechtwinklig ab und geht in den Straße Burgberg über. Dort beginnt der letzte Teil des Aufstiegs zum Schloss über einen Fußweg, der fast vor dem Hauptportal endet. Das **Schloss** besitzt ein wenig den Hauch von Neuschwanstein. Für einen Naturfreund wird sicherlich das Verweilen auf der Terrasse mit dem Blick auf Wernigerode, auf das Holtemme-Tal, die Hohneklippen und den Brocken im Hintergrund am schönsten sein. Dennoch sollte man nicht auf eine Besichtigung des Schlosses verzichten.

Beim Verlassen des Schlosses wenden wir uns nach dem Passieren des Hauptportals nach rechts auf die Schloss-Chaussee und gehen die Straße etwa 400 m hinab, bevor wir uns auf den spitzwinklig auf der rechten Seite abzweigenden **Annaweg** (roter Balken) begeben. Der Annaweg wurde nach der Fürstin Anna, der Ehefrau des Fürsten Otto von Wernigerode (1858–96), benannt, aber schon 1713 als Oberer Föhrenweg zur Leitung von Wasser aus dem Bergland zum Schloss angelegt. Heute ist es einer der schönsten Waldwege in der Umgebung von Wernigerode.

An der nächsten Gabelung folgen wir dem rechten Weg und beginnen damit den Anstieg zum 389 m hohen **Agnesberg** (45 Min.) und queren die Schulter unterhalb des Gipfels. Dort

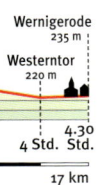

Wernigerode
235 m

Westerntor
220 m

4.30
4 Std. Std.

17 km

geht der Weg in einen vielfach gewundenen Höhenweg über, der in seiner fast horizontalen Streckenführung an die Wege entlang der Flutgräben im Oberharz erinnert.

Nur stellt sich hier die Umgebung in einer völlig anderen Weise dar. Große vereinzelte Linden und Rosskastanien säumen vorwiegend den ersten Teil des Weges. Sie werden später von stämmigen Eichen, besonders großen Buchen und vereinzelten Ahornbäumen abgelöst. Die Hänge bedeckt, der Höhenlage entsprechend, fast ausschließlich Laubwald. Ab und zu wird der Blick nach Norden und damit auf den Stadtteil Nöschenrode mit den dahinter aufragenden Bergen freigegeben. Sitzbänke laden dazu ein, den Ausblick zu genießen.

Die Orientierung auf diesem über 6 km langen Streckenteil ist nicht schwierig. Nur einmal ist in einem Sattel oberhalb des Christianentals der Orientierungssinn gefordert. Von den dort zusammenlaufenden Wegen ist nach Osten der mittlere Weg zu wählen, der obere führt auf die Höhen des Hundsrückens, der untere in das 0,9 km entfernte Christianental.

Nach einer langen Strecke der Beschaulichkeit mit Zwielicht, der Bewunderung der herbstlichen Farbenpracht oder der Freude an den ersten Frühlingsboten im noch hellen Wald ist wieder Aufmerksamkeit für den Weg gefordert, denn mit dem Verlassen des Annaweges beginnt der Abstieg von den Höhen (grünes Dreieck). Über einen steinigen und daher unebenen Weg steigen wir durch ein enges, manchmal fast schluchtartiges Tal hinab in das Mühlental. Dieser Teil der Wegstrecke endet am **Reiterhof** an der Nöschenroder Straße. Wir gehen

durch das Mühlental etwa 800 m stadteinwärts zum **Parkplatz an der Storchmühle.** Dort steigen wir auf dem Pisseckenweg (grünes Dreieck) nach rechts durch ein kleines Tal auf die Höhen mit der Klippe Scharfenstein. In einem großen Bogen gehen wir über die Höhen zum Ernst-Moritz-Arndt-Weg und zum **Kaiserturm** (3.30 Std.). Hier können wir auf den ersten Abschnitt unserer Wanderung zurückblicken. Agnesberg mit Schloss und die Höhen nördlich des Mühlentals liegen unmittelbar vor uns. Schließlich erreichen wir auf dem **Petersberg** das **Berghotel am Armeleuteberg,** wo wir eine Kaffeepause einlegen können.

Der Armeleuteberg war ursprünglich im Besitz des Klosters Ilsenburg und wurde 1464 von Graf Heinrich von Wernigerode dem St. Georgs-Hospital geschenkt. Seine Insassen wurden als arme Leute bezeichnet. Das erste Berggasthaus wurde 1906 errichtet, brannte aber bereits 1911 wieder ab. Der im gleichen Jahr errichtete Neubau steht heute noch.

Der Abstieg erfolgt am Försterplatz vorbei nach rechts hinab über den mit dem roten Dreieck markierten Weg. Er mündet direkt in die Salzbergstraße ein, die wir dann in Höhe der Bahn über das **Westerntor** (4 Std.) stadteinwärts verlassen. Die Westernstraße führt uns direkt in die Breite Straße und zum **Parkplatz** (4.30 Std.) zurück.

›Teufelswerk‹ am Harzrand

Von historischen Gemäuern in Gernrode zur Teufelsmauer bei Neinstedt

Unmittelbar vor dem Harz ragen die Quarzitfelsen der Teufelsmauer bei Neinstedt in den Himmel. Als ›himmlisches‹ Gegenstück zu diesem ›Teufelswerk‹ steht zu Beginn der Route die romanische Stiftskirche St. Cyriakus auf dem Plan.

DIE WANDERUNG IN KÜRZE

+
Anspruch

3.30 Std.
Gehzeit

13 km
Länge

Charakter: Leichte Wanderung am Harzrand und durch das Harzvorland über zum Teil unzureichend markierte Streckenabschnitte auf Forst- und Feldwegen sowie Straßen.

Wanderkarte: Topographische Karte 1 : 50 000 mit Wanderwegen: »Wandern im Ostharz«

Einkehrmöglichkeiten: Stecklenberg, Neinstedt und Weddersleben oder Quedlinburg

Anfahrt: Mit dem Kfz: Von Halberstadt-Quedlinburg über die B 185 bis Parkplatz an der Stiftskirche **Mit dem Bus:** Mit Linie 32 von Quedlinburg bzw. Harzgerode, mit der Linie 10 von Thale bis Haltestelle Rathenaustraße. Fahrt von Weddersleben, Haltestelle Schule, nach Quedlinburg mit Linie 9 und von dort umsteigen nach Gernrode oder mit der Linie 9 nach Neinstedt, Hauptstraße, und dort umsteigen in die Linie 10 nach Gernrode.

Wir beginnen die Wanderung in **Gernrode** mit einer Besichtigung der **Stiftskirche St. Cyriakus.** Sie ist der älteste Sakralbau im östlichen Deutschland und gilt als eines der wertvollsten und am besten erhaltenen Denkmäler aus der ottonischen Zeit. Im Jahre 963 wurde die dreischiffige Basilika geweiht und erhielt 1127 die westliche Turmfront. Nach dem Verfall der Kirche in der Postreformationszeit wurde sie zwischen 1859 und 1865 grundlegend restauriert.

Nach der Besichtigung der Kirche begeben wir uns auf den Weg nach Bad Suderode über die Thälmann-straße und deren Fortsetzung, die Friedrichsdorfstraße. An ihrem Ende queren wir den Marktplatz und gehen durch die Grünstraße zum Friedhof. Dort beginnen wir den Aufstieg in den Harz über einen steileren Talweg. Wie auf allen Wanderungen vom Harzrand in das Gebirge stellt der Anstieg Anforderungen an die Kondition des Wanderers und Harzfreundes. Nach 700 m stetigen Steigens, wobei man auch nicht vergessen sollte, auf das nördliche Harzvorland zurückzuschauen, kommt die auf der linken Seite auftauchende **Schutzhütte** nicht ungelegen, um

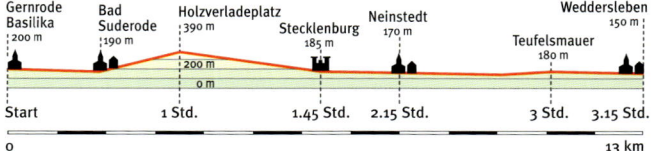

eine Rast einzulegen. Mit Annäherung an die Hochfläche wird das Gehen leichter. Etwa 1 km oberhalb der Hütte weist ein Wegweiser auf einem **Holzverladeplatz** (1 Std.) darauf hin, dass der Anstiegsweg zum Besuch der Lauenburg, eines der nächsten Ziele, nach rechts verlassen werden muss. Damit ist auch der höchste Punkt, wenn auch nicht der Höhepunkt der Wanderung erreicht. Der Weg durch lichten Laubwald bleibt über etwa 1 km auf gleicher Höhe und führt zum Aussichtspunkt **Wolfsbergblick** (1.15 Std.), der gute

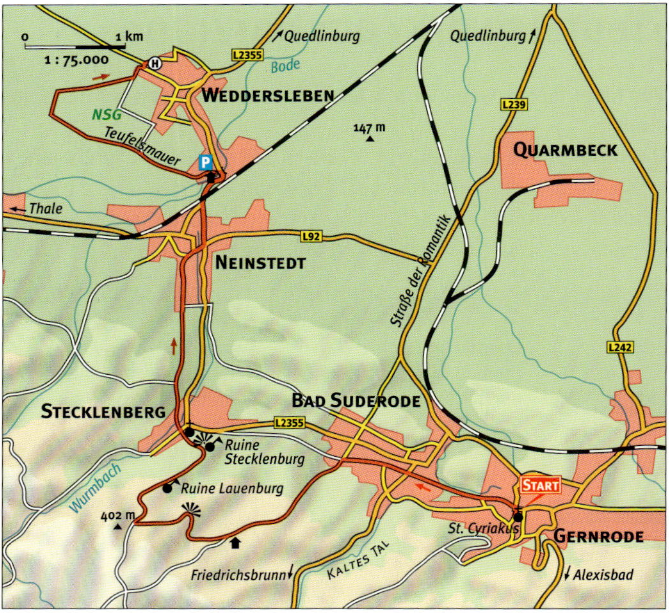

Sicht auf die nahe liegenden Sehenswürdigkeiten Quedlinburg und die Teufelsmauer bietet. In der Ferne sind die Höhenzüge um Halberstadt zu erkennen. Nach diesem Abstecher begeben wir uns wieder auf den Höhenweg (grüner Balken), benutzen an der nächsten Abzweigung den rechten Weg und stehen nach 300 m vor den Überresten der Lauenburg. Eine Schautafel berichtet über das Schicksal dieser geschichtlich bedeutsamen Burg. Sie wurde 1164 das erste Mal erwähnt und wurde wahrscheinlich unter Heinrich IV.

gebaut. Neben der Harzburg gehörte die Lauenburg zu den größten Burganlagen am Harzrand und spielte in den Auseinandersetzungen zwischen den Halberstädter Bischöfen und den Herren von Regenstein im 13. Jh. eine wichtige Rolle. Bis zum Ende des 15. Jh. war sie bewohnt. Ihr Verfall wurde dadurch beschleunigt, dass die Ruine als Steinbruch diente.

Nach der Besichtigung setzen wir den Weg über den Sporn (Zeichen grüner Balken) zur nächsten Burgruine, der 1 km entfernten **Stecklenburg** (1.45 Std.), fort. Diese Burg wurde wahrscheinlich im 11. Jh. gebaut. Von ihr blieben Grundmauerreste, Teile des Bergfrieds sowie der Ringmauer erhalten. Wir steigen zum verträumten **Stecklenberg** ab. Damit endet der Harzteil dieser Wanderung etwa in Höhe des Kirchplatzes. Ab sofort bewegen wir uns durch das wesentlich ebenere Harzvorland.

Am Ortsausgang von Stecklenberg ändert sich das Wegezeichen (45E, grünes Dreieck). Hinter den ersten Häusern der Schulgasse queren wir den Wurmbach und folgen nun den neuen Wegweisern Richtung Neinstedt. Etwa 1 km lang begleiten Obstgärten unseren Weg. Wir müssen uns nach dem Verlassen des Gartengeländes rechts halten, auf die ersten Wohnhäuser von **Neinstedt** (2.15 Std.) zugehen und gelangen zur Steuerstraße. Diese mündet in die stark befahrene Hauptstraße und wird schon nach 50 m über die Lindenstraße nach einer Rechts-/ Linkswendung wieder verlassen. An der Einmündung der Lindenstraße in die Quedlinburger Straße halten wir uns rechts, passieren Bahn und Bode, gehen unmittelbar hinter der Brücke links, überqueren – vorbei an einer Hütte – den Park-

Teile der Teufelsmauer bei Neinstedt

platz und finden am Ende den Aufstieg zum spektakulärsten und attraktivsten Teil der Teufelsmauer, dem Königstein.

Der Weg führt unmittelbar an der maximal etwa 20 m hohen **Teufelsmauer** (2.45 Std.) vorbei und lässt uns schließlich zu einem kleinen Sattel hinuntergehen. Die mauerartigen Gesteinsschichten erstrecken sich parallel zu den Konturen des Harzes. Die kreidezeitlichen Sandsteine sind hier durch die tektonischen Bewegungen aufgerichtet worden und stehen teilweise senkrecht. Im Nordwesten ist zu erkennen, dass auch dort, wenn auch deutlich unscheinbarer, das anstehende quarzitische Kreidegestein an die Oberfläche tritt. Wir folgen der Mauer in ihrer ganzen Länge und überschreiten auch den **Mittelstein.** Dann wendet sich der Weg dem Dorf Weddersleben zu. Wir gehen am nordwestlichen Ortsrand entlang und können in der Hauptstraße von **Weddersleben** (3.30 Std.) an der **Haltestelle Schule** die Rückfahrt mit dem Bus nach Gernrode antreten.

Mit Fahrkarte und Wanderschuh

Mit der Selketalbahn von Gernrode nach Alexisbad und zu Fuß zurück

Während die Selketalbahn den Harzfreund zum Startpunkt der Wanderung nach Alexisbad bringt, kann dieser in Ruhe die Landschaft des Unterharzes genießen. Zu Fuß erwandert er sich danach auf geschichtlichen Pfaden die waldreichen Höhen.

DIE WANDERUNG IN KÜRZE

+
Anspruch

4 Std.
Gehzeit

16 km
Länge

Charakter: Leichte Wanderung von den Höhen des Harzes in das Vorland, vorwiegend gute Forstwege, nur einzelne kurze Strecken uneben und steinig

Wanderkarte: Topographische Karte 1 : 50 000 mit Wanderwegen: »Wandern im Ostharz«

Einkehrmöglichkeiten: Mägdesprung, Waldwirtschaft Sternhaus

Anfahrt: Mit dem Kfz: Von Halberstadt-Quedlinburg über die B 185 bis zum Parkplatz am Bahnhof. **Mit dem Bus:** Mit der Linie 318 von Quedlinburg bzw. Aschersleben, mit der Linie 10 von Thale bzw. Quedlinburg, mit den Linien 8 und 32 von Harzgerode bzw. Quedlinburg jeweils bis Haltestelle Bahnhof. **Mit der Bahn:** Anreise von Harzgerode und Thale.

Die Wanderung beginnt mit der Zugfahrt von **Gernrode** nach Alexisbad, dem ältesten Kurort im Harz.

Der Zug setzt sich in Gernrode in 210 m Höhe in Bewegung und steigt in weiten Bögen durch das Wellbachtal zur nördlichen Randstufe des Harzes hin an. Nach etwa 7 km durch eine ruhige Tallandschaft ist eine Höhendifferenz von 200 m zu überwinden. In Höhe der Station Sternhaus Ramberg ist der Anstieg geschafft. Auf der mit Buchenwäldern bestandenen Hochfläche kann der Fahrgast für wenige Minuten ›Höhenluft‹ schnuppern, dann rollt der Zug wieder bergab in ein Seitental der Selke, bis schließlich die Spur dieses Flüsschens bei Mägdesprung aufgenommen wird. Die nächste

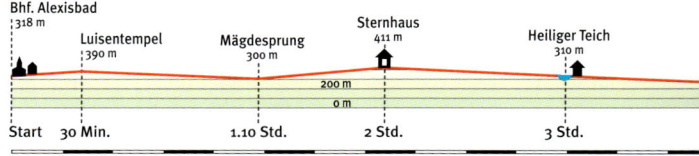

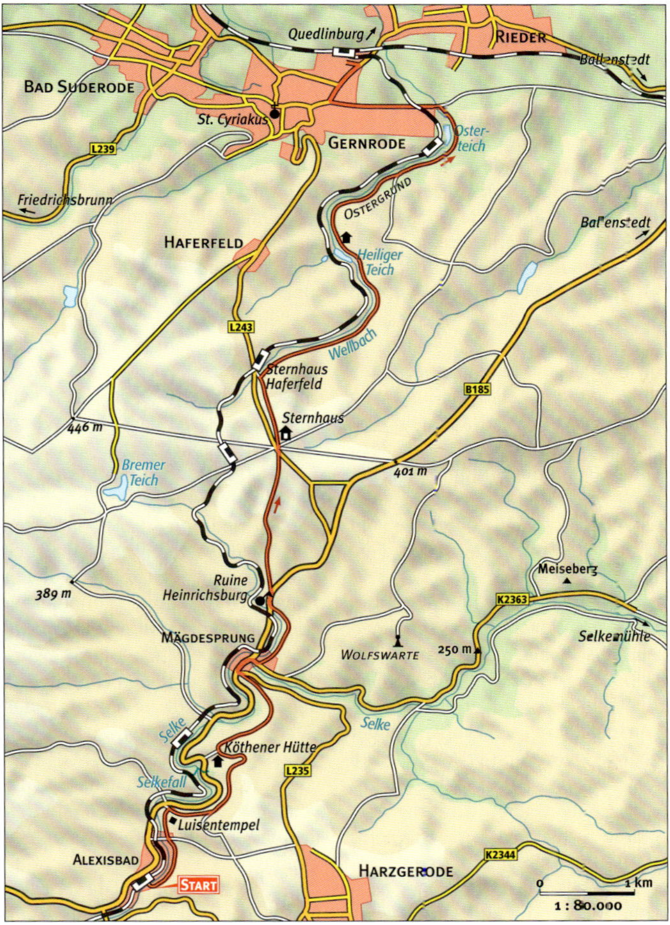

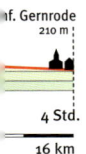

Station ist **Alexisbad,** und damit ist die Fahrt für uns auch beendet. Der Zug legt die 14,6 km lange Strecke in 49 Min. zurück.

Ein Aufenthalt in dem Kurort Alexisbad, dessen einstigen mondänen Charakter man noch am Baustil und an der Größe der Hotels erahnen kann, gehörte um die Jahrhundertwende vom 19./20. Jh. noch zu einem gesellschaftlichen Ereignis. Alexisbad ist der älteste Kurort im Harz. Nachdem 1755 heilkräftiges eisen-, mangan- und schwefelhaltiges Wasser in der Umgebung entdeckt worden war, entstand ein kleiner Badeort, der sich sehr schnell zu einem bei der Hautevolee beliebten Bade- und Kurort entwickelte. Den Namen erhielt Alexisbad von Herzog Alexius von Anhalt-Bernburg. Auch Heinrich Heine und Karl Maria von Weber wussten die Annehmlichkeiten von Alexisbad zu schätzen. Wir haben auf unserem Weg Gelegenheit, den Ort fast vollständig in Augenschein zu nehmen.

Wir verlassen Alexisbad nach Norden über die **Talstraße** und den Uferweg der Selke. Nach dem Passieren der letzten Häuser, etwa dort, wo die Bahn die Straße quert, beginnen wir auf der rechten Talseite den Aufstieg auf die Höhen. Der Pfad ist steinig. Herausragende Gesteinsrippen erfordern unsere Aufmerksamkeit beim Steigen (Stolpergefahr). Wir begeben uns in einen Laub-Mischwald, in dem im Frühjahr die Buschwindröschen blühen. Nach 10 Min. haben wir die Höhe erklommen und können vom **Luisentempel** (30 Min.) zum ersten Mal auf die Schlucht der Selke und ihre Umgebung schauen, sofern Sträucher und Bäume nicht die Sicht behindern. Das Gelände steigt unmittelbar hinter dem Selketal zum Ramberg an.

Der Klippenweg führt uns als Höhenweg in ein Seitentälchen oberhalb der Selke. Dort informiert ein Lehrpfad über die umgebende Natur. Spuren mehrerer Hohlwege deuten auf eine frühere intensive Nutzung der Talstrecke zur Selke hin. Wahrscheinlich sind es Relikte einer alten Verbindung von Harzgerode zum Selketal. Wir gehen, immer in gleicher Höhe bleibend, am Rand steiler Hänge das Tal aus, wobei unser Weg zu einem Sporn führt. Eine

halbe Stunde nach dem Beginn des Aufstiegs gelangen wir zu einer Sitzbank, von der wir in aller Ruhe den Anblick der umgebenden Landschaft genießen können. Im Westen grüßt der bewaldete Ramberg mit der Viktorshöhe und dem Friedenstal herüber. Unsere nächste Station ist die **Köthener Hütte.** Auffallend viele Hainbuchen säumen den Weg am Oberrand des Selketales. Außerdem sind die Hänge mit Buchen, Eichen, stellenweise mit Birken und sogar mit dem Bergahorn bestanden. Die Sicht ist noch besser als am letzten Haltepunkt. Im Süden zeigt sich am Horizont sogar der Große Auerberg mit dem Josephskreuz.

Nach beschaulichen Minuten auf der Köthener Hütte setzen wir den Weg zu weiteren Aussichtspunkten auf der Höhe fort, um dann nach Mägdesprung abzusteigen. Von der **Freundschaftsklippe** können wir noch einmal die Viktorshöhe und ihre waldreiche Umgebung bewundern, wobei gerade im Frühjahr die Schönheiten auf dem Boden des Buchen-/Eichen-Mischwaldes nicht vergessen werden sollten. Maiglöckchen, Buschwindröschen und die seltsame Zahnwurz sind die auffälligsten Krautpflanzen in dieser Umgebung.

Attraktivster Punkt auf diesem letzten Abschnitt über der Selke ist die Mägdetrappe in der Nähe eines eisernen Kreuzes, wobei wir dem Wegweiser folgend den Höhenweg etwa 100 m hinter der Freundschaftsklippe nach links über einen Pfad verlassen haben. Auf einem Grat über dem Selketal ist der Aussichtspunkt **Mägdetrappe** reichlich ausgesetzt. Gerade nach Regenwetter oder herbstlichem Laubfall ist der Pfad wegen der Rutschgefahr auf dem glatten Gesteinsuntergrund mit der nötigen Vorsicht zu begehen. Nachdem wir der Schönheit des schluchtartigen Selketals noch einmal alle Aufmerksamkeit geschenkt haben, betreten wir nach vorsichtigem Abstieg den Talboden in **Mägdesprung** (1.10 Std.) an der Straße nach Harzgerode und folgen nun dem Zeichen roter Kreis, grünes Kreuz.

Mägdesprung war, wie viele Orte im Harz, von der Metallproduktion und -verarbeitung geprägt. 1646 nahm ein Eisenhüttenwerk den Betrieb auf, das ab dem 19. Jh. mit seinen Eisenkunstguss-Erzeugnissen große Bekanntheit erlangte.

Wir queren den Flusslauf und die B 185 im Ortszentrum und biegen nach rechts auf die Talstraße in Richtung Selkemühle ab. An der **Bushaltestelle** hinter der Einmündung gehen wir nach links den Hang (Markierung roter Kreis) hinauf und gelangen in ein Seitental der Selke, dessen Verlauf wir auf einem Uferweg weiter nach oben verfolgen. Etwa 1 km nach dem Beginn des Aufstiegs queren wir wieder die B 185 und steigen durch einen Laubmischwald mit Eschen, Eichen, Hainbuchen und Buchen über einen steilen und steinigen Weg zur **Heinrichsburg** auf. Nach 150 m führt uns ein Pfad zu den Überresten der Burg.

Die Heinrichsburg wurde 1290 das erste Mal erwähnt. Sie diente als Schutzburg für die Verbindung von Nordhausen nach Gernrode und soll bereits am Anfang des 13. Jh. vom Grafen Stolberg errichtet worden sein. Die günstige Lage zur Straße mit ihren vielversprechenden Schutzzolleinnahmen ließen sie bald zu einem Raubritternest werden. Der Graf von Hohnstein und Nordhäuser Bürger zerstörten sie 1344. Nach einem Wiederaufbau zwischen 1350 und 1360 fiel sie schließlich im 16. Jh. endgültg dem Verfall zum Opfer.

Wir kehren wieder zum Aufstiegsweg zurück und folgen schließlich der alten Handelsstraße durch Buchenwald zum **Sternhaus** (2 Std.). Auf der rechten Seite dieses ehemaligen Jagdhauses setzen wir den Weg parallel zur Straße bis zur Station Haferfeld fort und durchqueren dabei eine ebene Waldlandschaft.

Vor der **Station Haferfeld** verlassen wir die Hochfläche und begeben uns nach rechts in das anfänglich flachmuldige **Wellbachtal** (grünes Kreuz). Auf dem zum Harzvorland hinabführenden Weg werden die Hänge höher und steiler, und noch vor dem Heiligen Teich geht das Tal in ein enges Kerbtal über. Eine Oase der Ruhe erreichen wir mit dem **Heiligen Teich** (3 Std.), den Laubbäume verschiedenster Art umsäumen. Eine kleine Schutzhütte bietet sich zur Rast an – ein Grund mehr, in dieser idyllischen Umgebung zu verweilen.

Der Talboden wird auf unserem Weiterweg allmählich breiter, und wir gelangen in den Ostergrund und schließlich zum Talausgang am **Osterteich** (3.30 Std.). Hier geht der Harz in das Vorland über. Die Vegetation zeichnet sich durch eine Vielfalt aus, die sich besonders deutlich bei den Blütenpflanzen zeigt.

Wir wenden uns Gernrode zu und streben auf dem Steilen Weg und der Osterallee der Ortsmitte zu. Hier muss man dann rechts abbiegen, um nach 500 m zum **Bahnhof** (4 Std.) zu gelangen.

Tour 19

Wasser für den Bergbau

Vom Rehberger Graben zum Oderteich und auf den Bruchberg

Auf dem Spaziergang hoch über der Oder begleitet der mit Wasser des Oderteiches gefüllte Rehberger Graben den nahezu ebenen Weg durch eine wildromantische Waldlandschaft. Nach dem Passieren des Oderteichs lösen die Moore des Bruchberges diese Szenerie ab.

DIE WANDERUNG IN KÜRZE

++
Anspruch

5.30 Std.
Gehzeit

21 km
Länge

Charakter: Einfache, aber ausgedehnte Wanderung auf guten und ebenen Wegen zu einem großen Teil entlang von Flutgräben

Wanderkarte: Topographische Karte 1 : 50 000 mit Wanderwegen: »Wandern im Westharz«

Einkehrmöglichkeiten: Rehberger Grabenhaus, Sonnenberger Wegehaus

Anfahrt: Mit dem Kfz: Dreibrodeparkplatz aus

dem Norden über Bad Harzburg A 395 und B 4, aus dem Osten und Westen jeweils B 242. **Mit dem Bus:** Mit der Linie 850 von Braunlage bzw. St. Andreasberg; mit der Linie 861 von Goslar bzw. Altenau, mit Linie 840 von Clausthal-Zellerfeld bis jeweils Bushaltestelle Jordanshöhe; vorzeitige Rückkehr über Bushaltestellen Oderteich bzw. Sonnenberger Wegehaus (Linie 850).

Vom **Dreibrodeparkplatz** queren wir die Straße und benutzen die Zufahrtsstraße zum Gasthof Rehberger Grabenhaus durch den Zugang Nationalpark Hochharz. Am Ende der asphaltierten Straße teilt sich der Weg. Wir müssen den linken (15D blaues Dreieck) nehmen, der kurz darauf den Bach Kellwasser quert. Nun geht es auf das Rehberger Gra-

benhaus zu. Der Weg biegt allmählich in das Odertal ein. Auf einer Länge von 7 km begleitet uns jetzt der Rehberger Graben. Er leitete das Wasser aus dem Oderteich und den Seitentälern der Oder über den Gesehrstollen den Bergwerks- und Hüttenbetrieben in St. Andreasberg zu. Die Anlage des Grabens war im 18. Jh. eine technische Meisterleis-

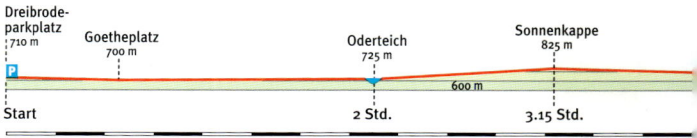

Dreibrode- parkplatz
710 m

Goetheplatz
700 m

Oderteich
725 m

Sonnenkappe
825 m

600 m

Start

2 Std.

3.15 Std.

o

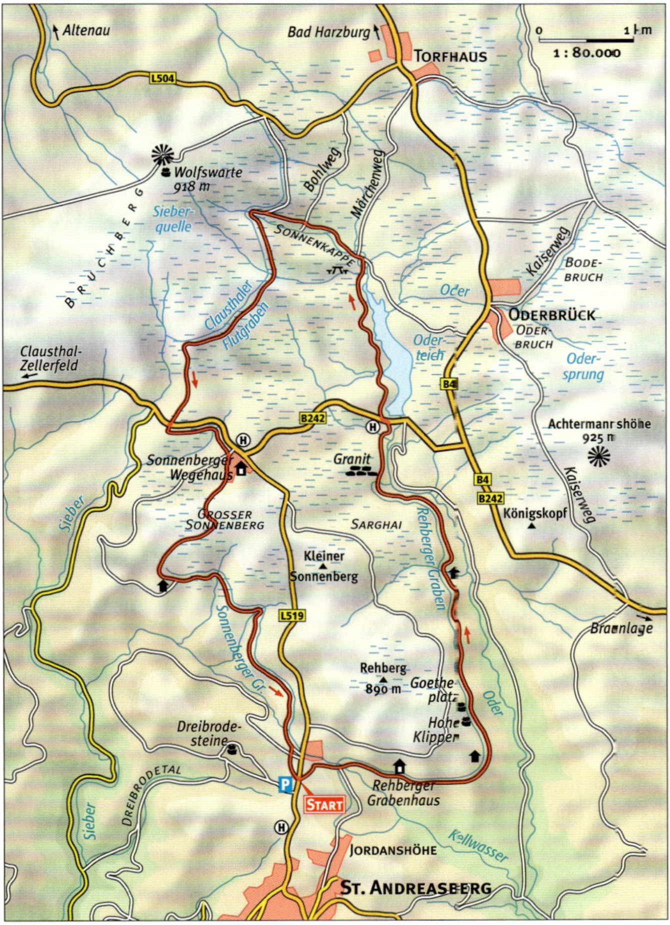

tung. Mit den Arbeiten an dem noch heute beeindruckenden System wurde schon 1713 begonnen. Heute nutzt man das Wasser zur Stromerzeugung.

Am Rand des Weges befinden sich Steinbrüche, in denen für die Ausmauerung des Rehberger Grabens Granitblöcke gebrochen wurden. Da der Transport des Gesteins seinerzeit große Schwierigkeiten bereitete, legte man entlang des Grabens in relativ geringen Abständen mehrere kleine Brüche an.

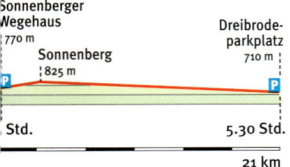

Nach etwa einer Viertelstunde erreichen wir das **Rehberger Grabenhaus** (erbaut 1772), heute ein Gasthaus; ursprünglich bewohnte es der für die Überwachung des Grabens verantwortliche Grubensteiger. Er hatte dafür zu sorgen, dass eine stetig gleich große Wassermenge zum Antrieb der Räder in den Gruben floss.

Nach etwa einer halben Stunde haben wir die **Hohen Klippen** am Goethe-Platz am Osthang des 890 m hohen Rehberges erreicht. Die Klippen bestehen in den oberen Partien aus Hornfels. An der Basis steht Granit an.

In diesem Streckenabschnitt des Rehberger Grabens bereiteten die mit großen Granitblöcken übersäten Hänge beim Bau des Grabens besondere Schwierigkeiten. Steile Felsvorsprünge ragten in die Trasse hinein; über längere Strecken war das Gelände sumpfig. In seiner ursprünglichen Konzeption konnte der Graben nicht gebaut werden und musste den natürlichen Gegebenheiten angepasst werden. Durch dieses Gelände wurde das Wasser weitestgehend in Holzrinnen, sog. ›Gefludern‹, geleitet, was den Aufbau von Auflagerbänken notwendig machte. Dafür mussten Granitblöcke weggeräumt und vorspringende Felsnasen abgetragen werden, die die abgesteckte und nicht mehr veränderbare Trasse des Grabens behinderten. Auf die Auflagerbänke wurden dann die Holzrinnen gelegt.

Die nördlich des Rehberges von den Hängen herabfließenden Bäche sind gefasst. Diese Maßnahmen ermöglichten die Nutzung der Energie des fließenden Wassers, das direkt von den Hängen dem Graben zufließt. Das im Oderteich gespeicherte Wasser konnte für trockenere Zeiten zurückgehalten werden. Die Fassung eines Baches ist mit einem ›Fehlschlag‹ ausgestattet, der es erlaubt, überschüssiges Wasser direkt der Oder zuzuführen. Damit wurde sichergestellt, dass die Bäche bei erhöhter Wasserführung während der Schneeschmelze oder bei starken Gewittern keine Schäden anrichten konnten. In solchen Situationen musste der Grubensteiger die ›Schütztafeln‹ herausziehen. Auch heute ist das System noch in Betrieb, da die Wasserkraft zur Stromgewinnung genutzt wird.

Etwa 300 m vor dem Oderteich taucht ein Granitaufschluss auf. Der Granit ist meistens und tiefgreifend (mehr als 20 m) zu Grus verwittert. Als Reste des Anstehenden hängen mehr als metergroße frische Granitblöcke in der Wand, die wegen ihrer besonderen Form auch gern als Matratzen oder Wollsäcke bezeichnet werden.

Nur etwa 100 m weiter befindet sich im Tal oberhalb der ›Hühnerbrühe-Fassung‹ ein kleines Blockmeer. Nach dem Besuch des Granitaufschlusses ist es nicht schwer, die Entstehung zu verstehen.

In diesem Abschnitt weitet sich das Tal, was zunächst ungewöhnlich erscheint. Dabei ist zu bedenken, dass das obere Einzugsgebiet der Oder auch eine vom Eis geprägte Landschaft ist, denn das obere Odertal war während der letzten Eiszeit mit einem Talgletscher ausgefüllt, der sich als Ausflussgletscher einer den Hochharz bedeckenden Eismasse bis tief ins Tal ausbreitete. Der Oderteich befand sich bereits im Bereich des Plateaugletschers.

Schließlich kommen wir am Staudamm des **Oderteiches** (2 Std.) an. Wir begeben uns auf den See-Rundweg (18E gelber Kreis) am Westufer des Sees. Der Zugang befindet sich direkt gegenüber dem Parkplatz. Hier trifft man noch auf einen alten Fichtenbestand, der ohne Einflussnahme des Menschen gewachsen ist. Nach etwa 800 m verlassen wir die Forststraße und müssen wegen der Stolpergefahr auf dem wurzelreichen Untergrund auf unsere Schritte achten.

Knapp 2 km oberhalb der Sperrmauer geht das Seeufer in das Ufer der Rotenbeek über. Der Boden ist mit großen Grasbülten (= kleine grasbewachsene Hügel in der Moorlandschaft) bedeckt; dazwischen finden sich einzelne Jungerlen. Quer über den Weg wachsende Wurzeln mahnen zur Vorsicht, zumal der Untergrund zusehends feuchter wird. Boh-

Junge Oder im Fichtenwald des Hochharzes

len helfen schließlich, die unsicheren Partien zu überbrücken. Bald stößt der von Oderbrück herführende Wanderweg zu unserem Uferweg hinzu.

An dieser Stelle beginnt nun nach links der Anstieg zum Bruchberg (Kennzeichnung weiterhin 18E gelber Kreis). Ein Stück weiter lädt an der **Einmündung des Märchenweges** ein Sitzplatz zur Rast ein. Anschließend folgen wir dem vom Bruchberg kommenden Bachlauf. Wir befinden uns noch im Granitgebiet, wie ein Aufschluss auf der rechten Seite in einer 6 m hohen Böschung belegt.

Der Moorcharakter nimmt im Bereich der nur spärlich mit Bäumen bestandenen unteren Sonnenkappe zu. Wir gelangen nun auch hinsichtlich der Gesteinsverhältnisse in das Gebiet des Bruchberges, denn die hier anzutreffenden Gerölle bestehen hauptsächlich aus dem Quarzit des Acker-Bruchbergzuges. An der Kreuzung im Wald gehen wir geradeaus weiter und steigen über einen steinigen Weg hinauf zum **Clausthaler Flutgraben.**

Am Graben selbst biegen wir nach links ab (Markierung 18 C blaues Dreieck) und betreten nun die Hangmoorlandschaft des Bruchberges. Der Baumbestand im Bereich der **Sonnenkappe** (3.15 Std.) bis hin zum nächsten Bach am Osthang des Bruchberges erscheint noch weitgehend ungeschädigt. Doch dann zeigen größere Flächen einen vollständigen Baumausfall (Fichten). In den 1970er Jahren standen hier noch gesunde Bäume. In Wassernähe des **Flutgrabens** treten immer mehr Moospolster (z. T. sehr schönes Stern- und Torf-

moos) auf. Vereinzelte Birken gesellen sich zum Baumbestand.

Nachdem wir dem Flutgrabenweg für etwa 3 km gefolgt sind, biegen wir nach links auf eine abwärts führende Forststraße ab. In den tiefer gelegenen Partien hat der hier partiell vorhandene hohe Fichtenbestand am Ende des Flutgrabenweges in eine Hangmoorlandschaft mit einem Alterklassenwald über. Dazwischen breitet sich die gewölbte Oberfläche eines schönen Hochmoores mit einer mehr als 2 m mächtigen Torfschicht aus.

Der Weg endet an der **Harz-Hochstraße** (B 242). Nachdem wir diese gequert haben, setzen wir nach links den Weg bis zum Sonnenberger Wegehaus fast parallel zur Straße fort. Bis dahin müssen wir noch eine Wegstrecke von knapp 1 km durch einen kleinen Wald und über eine Wiese zurücklegen.

Südlich des Parkplatzes am **Sonnenberger Wegehaus** (4.15 Std.) beginnt der letzte Abschnitt der Wanderung (16C blauer Kreis) mit einem Anstieg über den Westhang des Sonnenberges. Bei der Abzweigung an der etwa 2 km vom Wegehaus entfernten Hütte halten wir uns links und folgen dem **Sonnenberger Graben.** Es ist der dritte Graben, der uns auf dieser Wanderung begleitet. Der Weg, der an ihm entlang führt, ist steinig und daher unbequem. Die Mühen mit den Unebenheiten werden mit einer Sicht auf die Umgebung von St. Andreasberg entlohnt. Wir orientieren uns am Lauf des Wassergrabens und erreichen die L 519 ca. 400 m oberhalb des **Dreibrodeparkplatzes** (5.30 Std.).

Kaiserweg, Klippen und Moore

Durch die Moorlandschaft zwischen Brocken und Bruchberg

Wir befinden uns im wasserreichsten Teil des Harzes mit den Mooren des Torfhäuser Hügellandes. Sie sind das Quellgebiet einiger bekannter Harzflüsse. Häufig aufziehender Nebel lässt das Gebiet im Westen des Brockens zuweilen geheimnisvoll erscheinen.

DIE WANDERUNG IN KÜRZE

++
Anspruch

5 Std.
Gehzeit

19 km
Länge

Charakter: Leichte, aber längere Wanderung auf guten Wegen in einer fast ebenen Hochflächenlandschaft. Unbequeme Anstiege zur Wolfswarte (Bach fließt hier über den Weg) und von der Sonnenkappe zum Clausthaler Flutgraben (steinig).

Wanderkarte: Topographische Karte 1 : 50 000 mit Wanderwegen: »Wandern im Westharz«

Einkehrmöglichkeiten: Gasthaus Oderbrück und in Torfhaus

Anfahrt: Mit dem Kfz: Bis Parkplatz Torfhaus aus dem nördlichem Raum über A 395 und B 4, aus dem Süden und Osten B 4 und E 27. **Mit dem Bus:** Mit Linie 820 aus Bad Harzburg bzw. Braunlage.

Hinweis: Moore sind besonders empfindliche Naturschutzgebiete und dürfen nicht betreten werden!

Auf dieser Wanderung wird das Moorgebiet zwischen dem Brockenmassiv und dem Acker-Bruchberg-Höhenzug von Nordwesten nach Südosten durchmessen. Wir starten in **Torfhaus** vom großen **Parkplatz** und gehen auf der Straße in Richtung Altenau. An der Jugendherberge vorbei führt vom unteren Ende des Parkplatzes, etwa 700 m unterhalb der Abzweigung von der B 4, der Weg 18B (roter Balken) durch mooriges Gelände etwa parallel zur Straße. Nach Betreten des Waldes kreuzen wir zwei Bächläufe. Der folgende Anstieg endet an der **Straße nach Altenau** (L 504) fast unterhalb des Anstieges zur Wolfswarte. Hier angekommen,

halten wir uns 30 m nach rechts und queren die Straße. Nach einem steinigen und feuchten Anstieg (18C blaues Dreieck) von etwa 1 km befinden wir uns auf der 918 m hohen **Wolfswarte** (45 Min.), einer Felsburg mit kleinem Blockstrom im Quarzit. Es handelt sich um den Acker-Bruchberg-Quarzit, ein sehr widerständiges Gestein mit einem Alter von ca. 345–357 Millionen Jahren.

Von dieser am Nordwesthang des Bruchberges gelegenen Felsburg sieht man die nur geringfügig höhere, flache Kuppe des 930 m hohen Bruchberges, dessen Waldbestand offensichtlich durch verschlechterte Umweltverhältnisse so sehr gelitten hat, dass manche Areale schon fast völlig kahl gefallen sind. Im Südwesten schaut man auf die Berge um Altenau.

In der Höhenlage, die unsere Wanderung berührt, herrschen raue klimatische Bedingungen, die das Aufkommen eines Buchenwaldes nicht mehr zulassen. Niedrige Jahresdurchschnitts-Temperaturen und mehr als 1000 mm Niederschlag im Jahr, der bis zur Hälfte als Schnee fällt, lassen das Gedeihen eines Buchenbestandes nicht mehr zu. So bilden Moorfichtenwälder die natürliche Waldgesellschaft. Unter dem gegebenen rauen Klima, den besonderen Grundwasserverhältnissen und den Bodenbedingungen kommt in dieser Moorlandschaft nur ein lockerer Besatz sehr langsam wachsender Fichten mit einer Wuchshöhe von kaum über 5 m auf. Vergesellschaftet ist die Fichte mit der Karpatenbirke und der Schwarzerle, die als einzige Baumarten auch unter den extrem sauren Bodenbedingungen gedeihen können.

Wir verlassen die Wolfswarte über den gleichen Weg, den wir beim Anstieg genommen haben. Noch vor dem Erreichen der Straße folgen wir nach rechts dem **Clausthaler Flutgraben** durch eine vermoorte Umgebung, bis nach 1,2 km ein steiniger und etwas steilerer Weg nach links den Hang hinunterführt. Wir passieren an der nächsten Kreuzung den Bohlweg und betreten die offene Moorlandschaft der **Sonnenkappe** (18E gelber Kreis). Hier ist auch der Wechsel vom Quarzit zum Granit im Untergrund zu suchen, denn allmählich bleiben die Quarzitgerölle am Weg aus.

Hinter der Einmündung des Märchenweges begeben wir uns in das Einzugsgebiet der Oder und folgen dieser über den Weg 12C (grünes Dreieck) bis Oderbrück. Hier bietet sich zur Stärkung eine Einkehr im gleichnamigen **Gasthaus** (2.15 Std.) an. Die Pause sollte nicht zu lange dauern, denn es stehen uns noch eine kleine Gipfelbesteigung und rund 12 km Wegstrecke bevor.

Bei der Fortsetzung des Weges müssen wir darauf achten, die richtige Richtung (31K, 12D grünes Dreieck) auf dem Kaiserweg einzuschlagen. In unserem Falle führt der Weg an einzelnen Gebäuden vorbei und setzt sich als buckeliger und steiniger Talweg fort, wobei er streckenweise durch den engeren Bereich des Bachbettes aufwärts führt. Der begleitende Nadelwald erscheint vom Aufbau eher langweilig. Heidelbeeren herrschen in der Strauchschicht vor, dazwischen breiten sich große Grasbüschel aus. Erst oberhalb des Bachbettes erkennt man den Charakter des alten Kaiserweges an den verlegten Platten und den noch sichtbaren rinnenförmigen Radspuren. Etwa auf halber Strecke zur Achtermannshöhe tauchen auf der linken Seite die **Breitesteinklip-**

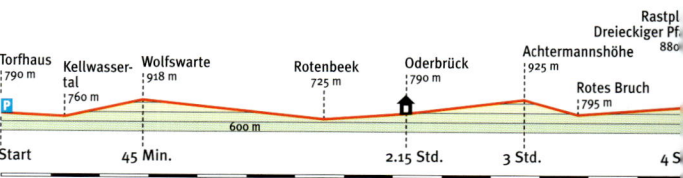

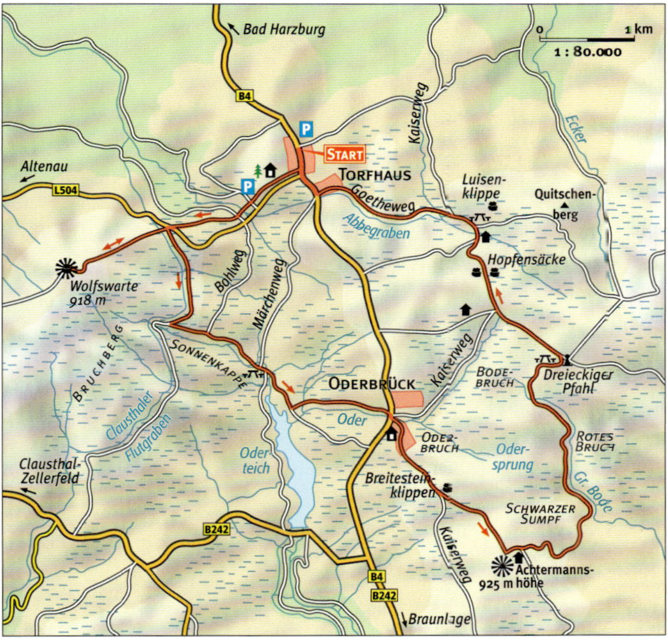

Tour 20

pen auf. Sie vermitteln mit ihrer dichten Packung von plattenartigen Wollsäcken gar nicht so sehr den Eindruck von Felsburgen. An der Weggabelung kurz hinter dem Klippen müssen wir darauf achten, den linken Weg (31K) zu nehmen, um auf die Achtermannshöhe zu gelangen.

Nach etwa einem Kilometer stehen wir am Fuß der noch etwa 25 m höher aufragenden **Felsburg** mit dem Gipfel. Die wie eine Blockhalde erscheinende und fast baumfreie Kup-

pe kann nur über einen Treppenweg bestiegen werden. Unmittelbar unterhalb des Gipfels sieht man dann den anstehenden Granit, der plötzlich in ein sandsteinartiges, wesentlich dunkleres Gestein, den Hornfels, übergeht. An dieser Stelle befindet sich die Kontaktzone zwischen dem Granit und der in der erdgeschichtlichen Vorzeit darüber anstehenden Grauwacke.

Bei klarem Wetter ist die Fernsicht von der **Achtermannshöhe** (3 Std., 925 m) über die Harzlandschaft überwältigend. Im Norden ragen die Masten der Sendeanlagen um Torfhaus aus der Wald- und Moorlandschaft auf. Im Süden taucht der Gebirgsrand mit dem dahinter gelegenen Thüringer Becken auf.

Die Waldregion der Umgebung war in der Eiszeit von einem Plateauglet-

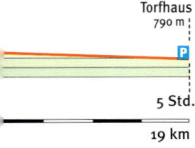

Torfhaus
790 m

5 Std.

19 km

Felsen mit Fernsicht auf der Achtermannshöhe

scher bedeckt, der sich uhrglasför-
mig über die Landschaft wölbte und
aus dem im Nordosten der Brocken
herausragte. Wir befinden uns mitten in dieser ehemaligen Gletscher-
region.

Der Abstieg führt nun geradewegs
über den Weg 35L (roter Kreis) hinab
in das Tal der Kleinen Bode, wo sich
der Fichtenwald nach etwa 1 km
zur Moorlandschaft des **Schwarzen**

Sumpfes öffnet. Dort treffen wir
auf die als Bach daherplätschernde
Große Bode, die bis zu ihrem Quellgebiet, dem Bodebruch, unser Weg-
begleiter sein wird. Nach Querung
der jungfräulichen Bode ermöglicht
ein Pavillon einen Überblick über
diese ungewöhnliche Hochmoor-
landschaft des Bodebruchs. Der
Quellraum des wohl bekanntesten
Harzflusses ist ein fast waldfreies,

sich leicht aufwölbendes Hochmoor in ca. 830 m NN. Von den Pflanzen kann man neben Binsen und der sich im Herbst goldbraun färbenden Rasensimse, die Besenheide und die seltenere Glockenheide erkennen. Im Sommer tauchen die weißen büscheligen Blütenstände des Wollgrases auf. Unter den Zwergsträuchern herrschen die Heidelbeere und die Preiselbeere vor, von den Bäumen treten nur einzelne kleine Fichten in Erscheinung.

Es ist nun nur noch eine kurze Wegstrecke (ca. 500 m) bis zum **Dreieckigen Pfahl** (4 Std.). An diesem alten Grenzstein im Brockenfeld befindet sich ein Rastplatz. Wir setzen den Weg durch das Moorgebiet des Brockenfeldes fort und benutzen nun den hier beginnenden Wanderweg 35E (auch 17J, grünes Dreieck). An der nächsten Weggabelung verlassen wir die Forststraße, halten uns rechts und treffen auf den reichlich durch Verwitterung und Abtragung ramponierten Kaiserweg (blauer Kreis im Dreieck), an dem links und rechts des Weges die granitischen **Hopfensäcke** auftauchen. Der Weg verläuft in Höhe der Wasserscheide zwischen der Weser und der Elbe und ist von Granitblöcken übersät und daher reichlich uneben. Dies ändert sich erst, nachdem er an der nächsten **Schutzhütte** in eine Forststraße einmündet.

Hinter den Hopfensäcken führt der Weg Richtung Abbe. Wir passieren die Hütte nach rechts und gelangen nach Querung des Baches in Höhe der Luisenklippe nach links auf den **Goetheweg** (10F roter Kreis in Dreieck). Ganz in der Nähe erinnert der Quitschenberg an eine früher hier häufiger wachsende Baumart, die Quitsche oder Eberesche. Sie kommt auch in dem Wandergebiet

dank menschlicher Nachhilfe wieder auf, wo sie sich auf dem nährstoffarmen Boden zu den Fichten gesellt. Der Name Eberesche stammt wahrscheinlich von *eburos,* dem keltischen Wort für Eibe.

An der nächsten Abzweigung verlassen wir den Kaiserweg, indem wir nach links abbiegen. Von nun an weist uns der aus der Abbe hervorgegangene **Abbegraben** als Begleiter den Weg zurück nach **Torfhaus** (5 Std.).

Moore im Harz

Zwischen dem Brockenmassiv und dem Rücken des Acker-Bruchberg-Höhenzuges erstreckt sich ein plateauartiges Hochflächengebiet mit kleinen, z. T. kuppenförmigen Erhebungen. Es wird von den Geowissenschaftlern als das Torfhäuser Hügelland bezeichnet und schließt die Moorlandschaft zwischen Brocken und Bruchberg in sich ein. Im Untergrund steht vorwiegend wasserspeichernder Granitgrus an. Vollgesogen wie ein Schwamm, ist diese Landschaft Ursprung für eine Reihe wichtiger Harzflüsse. Die Bezeichnungen Bodebruch, Oderbruch oder Eckersprung deuten schon an, in wessen Quellgebiet man sich befindet.

Lange Zeit war diese einsame Landschaft mit ihren kümmerlich wachsenden Bäumen für den wirtschaftenden Menschen uninteressant, bis der Torf als Energieträger für den hohen Brennstoffbedarf im Hüttenwesen entdeckt wurde. So setzte fast unmittelbar nach der Gründung der freien Städte, bedingt durch die beginnende Holzknappheit im Jahre 1573, bei Torfhaus der Torfstich ein. Es blieben nur wenige Moore übrig. Sie sind heute unter Schutz gestellt.

21

Tour

Geschichte auf hohem Niveau

Von Schierke auf den Wurmberg und zurück

In unmittelbarer Nachbarschaft des Brockens ist der fast 1000 m hohe Wurmberg einer der auffälligsten Berge des Harzes. Von seinem Gipfel — in diesem Falle von der Skisprungschanze — belohnt er den Bergwanderer mit einer herrlichen Aussicht.

DIE WANDERUNG IN KÜRZE

++
Anspruch

3 Std.
Gehzeit

10 km
Länge

Charakter: Der Zugang zum Wurmberg erfolgt über einfache Waldwege und bequeme Forstwege. Wegen ihrer Steilheit sind der Anstieg auf den Wurmberg oberhalb der Großen Klippe und der unmittelbare Abstieg etwas beschwerlich. Sie erfordern Kondition und vorsichtiges Gehen.

Wanderkarte: Topographische Karte 1 : 50 000 mit Wanderwegen: »Wandern im Ostharz«

Einkehrmöglichkeiten: Wurmbergbaude

Anfahrt: Mit dem Kfz: Aus dem Raum Magdeburg über Blankenburg auf der B 27, ebenso aus dem Raum Göttingen auf der B 27 über Braunlage. **Mit dem Bus:** Mit der Linie 257 von Braunlage und Wernigerode bis Hotel Heine. **Mit der Harzquerbahn:** Von Wernigerode aus, Fahrtdauer etwa 1 Std.

Wir starten in **Schierke** am **Hotel Bodeblick.** Über die Treppe verlassen wir das Bodetal und gehen über den Weg 30E (gelbes Dreieck) auf den Wald zu. Nachdem wir die letzten Häuser passiert haben, betreten wir das Waldgebiet, statten der am Weg aufragenden **Mauseklippe** einen kurzen Besuch ab und setzen

den Weg durch einen Jungwald mit schönem Ausblick auf den Wurm- und Winterberg fort. Hinter den etwa 1 km weiter im Südwesten gelegenen **Scherstorklippen** (30 Min.) trifft der Weg auf einen Plattenfahrweg, auf dem wir nach rechts abbiegend weiter wandern. Bereits nach 500 m verlassen wir diese Piste wieder nach

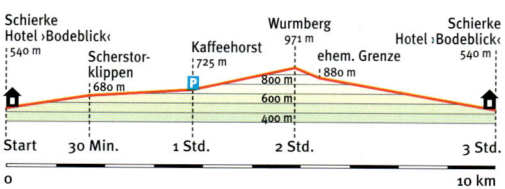

Schierke
Hotel ›Bodeblick‹
540 m

Scherstorklippen
680 m

Kaffeehorst
725 m

Wurmberg
971 m

ehem. Grenze
880 m

800 m

600 m

400 m

Schierke
Hotel ›Bodeblick‹
540 m

Start   30 Min.   1 Std.   2 Std.   3 Std.

0   10 km

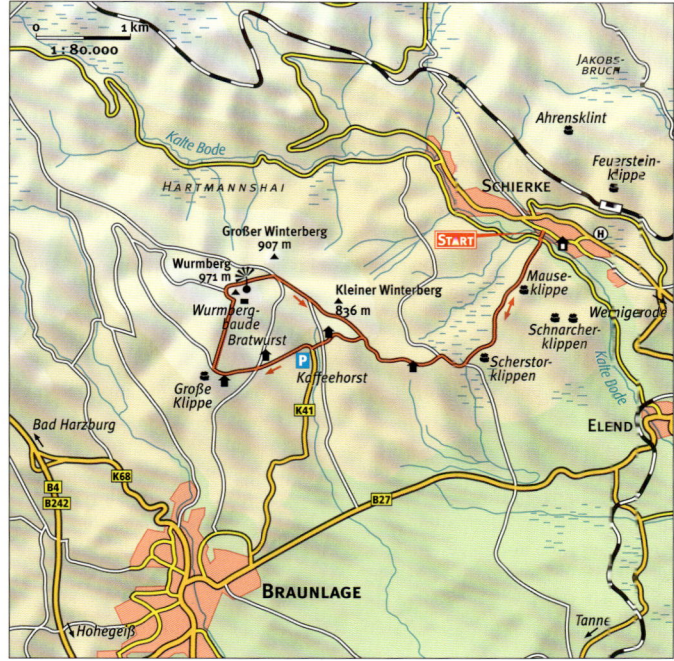

links und steigen über einen Forstweg zu einer von jungem Fichtenwald umgebenen Schutzhütte an.

In einem leichten Bogen steigt die Forststraße zum Kleinen Winterberg an. Dabei kann unser Blick vom Rand eines Fichtenhochwaldes nach Südosten über die in dieser Höhe (500–700 m) schon typische Fichtenwaldlandschaft um Elend und Tanne schweifen. In der sumpfigen Umgebung gedeiht als charakteristische Pflanze der Europäische Siebenstern mit seinen weißen Blüten. Vom Rand des Hochwaldes setzen wir den Anstieg über die Forststraße bis zur Gabelung noch etwa 100 m fort. Dann wenden wir uns nach links und betreten eine durch den Wald führende Plattenstraße. Am Ende des Weges öffnet sich der Wald zum Bremketal

in Höhe einer **Schutzhütte.** Das Tagesziel, der Wurmberg, ragt nur fast unmittelbar vor uns auf.

Wir queren den Bremker Bach. Dahinter schließt sich der Parkplatz **Kaffeehorst** (1 Std.) an. Durch eine Schonung führt eine Asphaltstraße zur Lokalität ›Bratwurst‹ und auf den Südsporn des Wurmberges. Auf dem Sporn gibt eine ungewöhnlich strukturierte Felsburg in 824 m Höhe Anlass, einen Moment zu verweilen. Die Abfolge der horizontalen Klüfte ist hier in dieser Felsform aus Granit so dicht, dass man beim ersten Blick glaubt, ein Sedimentgestein vor sich zu haben. Die Vorstellung über die wollsackartige Anordnung der zutage getretenen Granitblöcke als Verwitterungsform dieses Gesteins kann durch einen Besuch der fast am Weg befindlichen **Großen Klippe** wieder zurecht gerückt werden, denn dort sind die Blöcke in der erwarteten Form ausgebildet.

Der nun fällige Anstieg zum Wurmberggipfel erfolgt zunächst über die Fortsetzung der Forststraße, dann durch eine breite, steil ansteigende Schneise (Skipiste, 150 Höhenmeter bis zum Gipfel) zur **Wurmbergbaude.**

Der Gipfel des **Wurmberges** (2 Std.) ist in doppelsinniger Bedeutung des Wortes ›verbaut‹. Man sieht ihn wegen der Verbauung nur unvollständig, und die ›Baumasse‹ fügt sich nicht gerade unauffällig in das Landschaftsbild ein.

Nach einer kurzen Verschnaufpause nehmen wir die Besteigung des **Sprungschanzenturms** in Angriff und begeben uns damit an den einzigen über 1000 m gelegenen Punkt im Harz außerhalb des Brockenmassivs. Die Aussicht gewährt tiefe Einblicke in den Unterharz im Osten.

Deutlich sind die Kalksteinbrüche zwischen Elbingerode und Rübeland zu erkennen. Dahinter taucht der Ramberg bei Friedrichsbrunn auf. Im Südosten ist der Große Auerberg durch seine Kastenform und das Josephskreuz eindeutig zu identifizieren. Schierke liegt, der Brocken hingegen erhebt sich fast unmittelbar vor dem Betrachter. Über Braunlage hinaus ragt als markante Erhebung der 700 m hohe Stöberhai auf. Im Westen beherrscht der Höhenzug des Ackers mit dem sich anschließenden Bruchberg die Bergszenerie am Horizont. Davor fallen die Achtermannshöhe und weiter nach links der Reh- und der Sonnenberg auf.

Wir steigen wieder vom Sprungschanzenturm hinab und widmen unsere Aufmerksamkeit den unterhalb des Gipfels befindlichen vorgeschichtlichen Spuren.

Im Jahre 1949 wurden am Osthang des Wurmberggipfels die Überreste

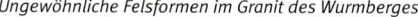

Ungewöhnliche Felsformen im Granit des Wurmberges

Blick auf das Brockenmassiv mit dem Wurmberg (links)

einer vorgeschichtlichen Kultstätte freigelegt, die aus einer 80 m langen Treppe aus Hornfelsblöcken besteht. Die Treppe endet auf einem Plateau, wo ein gepflasterter Weg zu einem Ringwall führt. Im Zentrum des Walls befinden sich Mauerreste und ein Umlauf. Die Bedeutung dieser Anlage ist unbekannt. Vielleicht wurden hier Sterne beobachtet.

Den richtigen Weg für den Abstieg zu finden, ist hier oben gar nicht so einfach. Die Kennzeichnung der Wege auf dem Gipfel des Wurmberges lässt manchen Wunsch offen. Zwei Möglichkeiten bieten sich an:

Variante 1: Da die Sprungschanze wieder aufgebaut wurde, beginnen wir den Abstieg über die Treppe neben der Sprungschanze. Am Ende können wir die bequemere Forststraße, den Haeberliusweg, weitergehen, um an der nächsten Wegkreuzung (›Bratwurst‹) den Abstieg über den Kaffeehorst in Angriff zu nehmen. Der Nordosthang ist noch bewaldet und

dicht mit auffallend großen Heidelbeersträuchern bestanden.

Variante 2: Wer den landschaftlich reizvolleren, wohl beschwerlicheren, aber kürzeren Weg einschlagen möchte, für den zweigt links unmittelbar vor dem Abfall der Piste spitzwinklig in den Wald führend der Ulmerweg (25H) ab.

An dieser Stelle ist der Ausblick auf den bewaldeten Südharz von besonderer Schönheit. Durch vermoorten Fichtenwald steigen wir nun hinab zum 3,5 km entfernten Schierke und erreichen nach etwa 700 m die vom Hinweg schon bekannte Abzweigung auf den Plattenweg zum Parkplatz Kaffeehorst. Ab diesem Punkt entspricht der Rückweg nach Schierke dem Hinweg. Sicher ist noch genügend Zeit, sich die fast am Weg befindlichen Scherstor- und die Schnarcherklippen genauer anzusehen. Der Ausgangspunkt in **Schierke** ist schließlich wieder nach 3 Stunden erreicht.

Felsformen für Feinschmecker

Besuch berühmter Felsburgen oberhalb Schierke und Elend

Abseits der großen Wanderströme zum Brocken ist diese Route keineswegs weniger attraktiv. Der Anstieg von Elend ist bestens geeignet, in ruhigem Tempo die Schönheit des schluchtartigen Bodetals und den Anblick skurril anmutender Felsformen zu genießen.

DIE WANDERUNG IN KÜRZE

++
Anspruch

3.30 Std.
Gehzeit

14 km
Länge

Charakter: Kontinuierlich steil steigt der manchmal schlecht auszumachende Weg aus dem Elendstal zum Barenberg an. In der Umgebung von Schierke zum Teil unebene Waldwege. Eine Tour, die auch Anforderungen an das Orientierungsvermögen stellt.

Wanderkarte: Topographische Karte 1 : 50 000 mit Wanderwegen: »Wandern im Ostharz«

Einkehrmöglichkeit: In Schierke

Anfahrt: Mit dem Kfz: Aus dem Raum Magdeburg über Blankenburg auf der B 27, ebenso aus dem Raum Göttingen auf der B 27 über Braunlage. **Mit dem Bus:** Mit Linie 257 von Braunlage, Elbingerode, Wernigerode bis Elend, Ortsmitte. **Mit der Harzquerbahn:** Von Nordhausen und Wernigerode bei einer Fahrtdauer von 1.50 Std. bzw. 1.25 Std.

Hinweise: Das Besteigen der Klippen erfolgt, wie ausdrücklich auf einem Hinweisschild betont wird, auf eigene Gefahr. Bei Gewitter sind die Felsen sofort zu verlassen.

Auf dieser Wanderung folgen wir dem Vorsatz, das Unbequeme zuerst zu erledigen und nehmen direkt die Besteigung des über 200 m über **Elend** aufragenden Barenbergs in Angriff. Dazu verlassen wir den kleinen Ort mit der kleinsten **Holzkirche** Deutschlands in Richtung Braunlage, überqueren die Bodebrücke und wenden uns hinter der

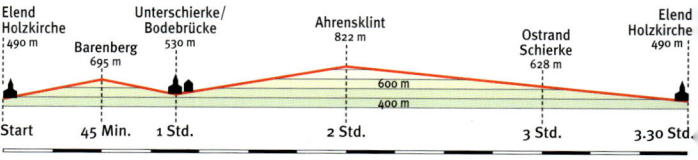

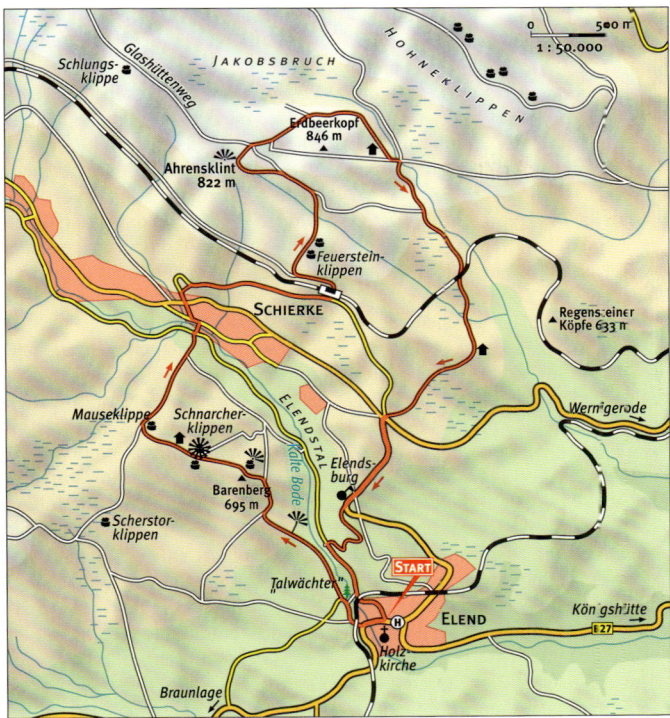

Heimatstube nach rechts. 100 m weiter wird die Bahnstrecke gequert. Hinter einem Holzverladeplatz, an dem wir uns rechts halten, beginnt der steile Anstieg durch einen Hohlweg.

Den unbequemen und steinigen Weg löst nach 450 m ein nach rechts abzweigender, ebenso steiler Pfad durch dichten Fichtenwald ab. Nach etwa 300 m nehmen wir gern das Angebot des Wegweisers an, auf einem Abstecher zu einem Aussichtspunkt ein wenig zu verschnaufen. Nachdem der Puls wieder etwas zurückgegangen ist, können wir dann in aller Ruhe den Blick über den Unterharz schweifen lassen und uns mit einem Blick auf das unter uns und hinter

uns liegende Elend an der bereits erbrachten Leistung erfreuen.

Nachdem wir zum Anstiegsweg zurückgekehrt sind, haben wir auf kurzer Strecke noch steilere Passagen an Klippen zu überwinden, bevor dieses beschwerlichste Wegstück der Wanderung an einem Waldweg endet. Wir wenden uns nach rechts und befinden uns bald in einer von hohen Buchen und Klippen geprägten Umgebung. Bereits nach 200 m müssen wir dieses ›erholsame‹ Wegstück wieder verlassen und nehmen nun nach links (schwer auszumachen) über einen wurzelreichen Pfad das letzte Teilstück des Weges zum Gipfel in Angriff. Hinter großen Felsblöcken biegt der Pfad nach rechts ab, und schon stehen wir auf dem Gipfelplateau des **Barenberges** (45 Min.). Von den Klippen in Gipfelnähe sieht man das Brockenmassiv und Schierke vor sich. Dabei erscheint der Höhepunkt der Wanderung mit dem Ahrensklint noch ziemlich weit entfernt.

Ein steiler Pfad führt nun hinüber zu den **Schnarcherklippen.** Diese beiden Felsburgen stehen dicht nebeneinander. Wenn Südostwind zwischen ihnen hindurchbläst, so sind entfernt an Schnarchen erinnernde Töne zu hören. Um die Felsburg ranken sich zahlreiche Sagen. Sie haben auch Eingang in die Weltliteratur gefunden.

Die Klippen sind zwar mit Eisengeländern gesichert, doch ist bei Auf- und Abstieg Vorsicht geboten. Von der Plattform aus hat man eine schöne Sicht auf Schierke und das Brockenmassiv. Im Westen beherrscht der Wurmberg das Panorama, dahinter sind die Berge nördlich von St. Andreasberg zu sehen.

Unser nächstes Ziel ist Schierke. Hinter der fast versteckten Schutzhütte betreten wir einen schmalen und unebenen Pfad durch eine Jungfichtenpflanzung und einen anschließenden Hochwald mit Bäumen gleicher Art. Im dunklen Wald findet die am Weg liegende **Mauseklippe** wegen ihres etwas chaotischen Aufbaus bei weitem nicht das gleiche Maß an Beachtung wie die zuvor besuchten Klippen.

Auch im Wald bessert sich der Weg nicht. Er führt jetzt die Bezeichnung 30E (gelbes Dreieck). Wir erreichen den Waldrand und zugleich die Ortsgrenze von **Unterschierke.** Die talwärts führende und in einen Treppenweg einmündende Straße endet in Höhe des Hotels Bodeblick und damit in unmittelbarer Nähe der **Bodebrücke** (1 Std.).

Nun ist wieder Steigen angesagt. Wir nehmen die direkt links hinter der Brücke aufwärts führende Straße. Vor der neugotischen Kirche steigen wir nach rechts zum Beginn des Bahnhofsweges auf. In Höhe des Parkplatzes beginnt der Anstieg zur Bahnstation und zu den Feuersteinklippen. Wir folgen dabei den Schildern, die uns ausdrücklich unser Ziel »Schierke« nennen, und halten uns weniger an die Zeichen gelbes Kreuz oder grünes Quadrat.

Wir wählen den rechts abzweigenden Waldweg und befinden uns bald in einer von großen Granitblöcken übersäten Umgebung. Nach Erreichen des **Bahnhofes** wenden wir uns nach dem Überschreiten der Gleise direkt nach links und folgen dem Weg parallel zur Bahnlinie etwa 250 m. An dem nun auf der rechten Seite abzweigenden wurzel- und blockreichen Pfad tauchen kurz darauf die **Feuersteine** auf, die mit ihrer gleichmäßigen Anordnung der Granitblöcke den Überresten einer Zyklopenmauer ähneln.

Nach einer Inspektion der vorwiegend senkrechten Felsburgen setzen wir die Wanderung auf dem Pfad fort, der etwa 400 m weiter an einer Forststraße endet. Wir biegen links ab, können uns aber nicht lange an der ebenen Strecke erfreuen, denn nach weiteren 400 m beginnt der Pfad mit dem endgültigen Anstieg zum Ahrensklint durch einen Jungfichtenwald. Bei der Besteigung der Felsburg ist trotz der Geländer Vorsicht geboten, denn manche Felspartien sind durch das häufige Begehen geglättet und daher trügerisch. Der Ausblick vom **Ahrensklint** (2 Std.) beschert uns einen Überblick über das bereits besuchte Gebiet. Wir schauen auf das Bodetal und die dahinter aufragenden Höhen.

Der Ahrensklint (das mittelniederdeutsche Wort *Klint* ist dem griechischen *klíno* = neigen, beugen und mit dem lateinischen *clivus* = Abhang, Steigung, Hügel verwandt) und der Feuerstein sind Felsburgen, die schon bei den berühmten Harzwanderern Goethe und Caspar David Friedrich großen Anklang fanden. Goethe setzte sich mit der Struktur der Felsen schriftlich auseinander und der aufmerksame Kunstfreund findet die Klippenlandschaft des Harzes mit dem Ahrensklint auf Friedrichs weithin bekanntem Gemälde ›Der Watzmann‹ wieder, das er 1824–25, also 13 Jahre nach seiner Harzreise im Jahre 1811, malte.

Vor dem Abstieg in die Niederungen der Bode steigen wir 150 m zum Glashüttenweg und treten dort, nach rechts abbiegend, den Rück-

weg an (3cG, 55E). Als erstes lernen wir den **Erdbeerkopf** mit seinem vermoorten und steinigen Untergrund kennen. An einem Kreuzungspunkt an seinem Osthang lädt eine neue Schutzhütte fast im Quellgebiet der Wormke zum Verweilen ein. Dank guter Beschilderung ist der Weg nach Elend nicht zu verfehlen. Wir verlassen die Kreuzung (grüner Balken) nach Süden und werden im südlichen Schierker Forst nach dem Passieren der Bahnlinie von einem überwältigenden Panorama über den östlichen Harz überrascht.

Es gibt nur wenige Punkte in diesem Gebirge mit einer solcher Aussicht. Aufmerksamkeit ist nach dem Passieren der Straßenkreuzung am Ostrand von **Schierke** und vor allem an der Straße nach Elend erforderlich. Wir gehen auf dieser Straße et-

Auf dem Ahrensklint

wa 700 m in Richtung Elend und betreten vor dem Beginn der Leitplanken in der Kurve nach rechts über einen Pfad den Wald. Überreste der Elendsburg sind schwierig zu finden. Man benötigt schon viel Phantasie, um sich hier die Existenz einer Burg ausmalen zu können. Dafür entschädigt der Ausblick von den Klippen auf das Elendstal den enttäuschten Sucher.

Geologisch ist es ungewöhnlich, in dieser Höhe des Harzes (über 500 m), einen so engen Talabschnitt anzutreffen. Eingezwängt zwischen dem fast 700 m hohen Barenberg und den deutlich über 600 m aufragenden Feuersteinen hat die Kalte Bode zwischen Elend und Schierke ein Tal in den vielfältigen Gesteinsuntergrund geschnitten, das eher am Harzrand zu erwarten wäre.

Trotz des Unbehagen verheißenden Namens ›Elendstal‹ kann diese Talstrecke mit romantischen Abschnitten im unteren Bodetal oder dem Ilsetal durchaus konkurrieren. Um den Abstieg in das Elendstal nicht zu verpassen, bewegen wir uns oberhalb der Klippen auf Elend zu und treffen nach 400 m auf einen Hinweis, der uns den Weg in das Tal weist. Hier biegen wir direkt nach rechts auf einen immer deutlicher zu erkennenden Pfad ab. Urplötzlich befinden wir uns in einem wilden schluchtartigen Talgrund. Bizarre Felsen erheben sich über dem Besucher.

Am Zugang zu diesem ungewöhnlichen Talabschnitt wenden wir uns dem grünen Kreis folgend nach rechts und gehen durch diese unheimliche wirkende Felslandschaft.

Genauso plötzlich, wie wir in diese ungewöhnliche Umgebung gerieten, werden wir auch wieder aus ihr entlassen und stehen unerwartet im Tal der Kalten Bode bzw. im Elendstal. Obwohl hier die Hänge bis zur imponierenden Höhe von 180 m ansteigen, interessiert uns vor allem die Bode selbst.

Es lohnt sich auf jeden Fall, an den Gefällsstrecken auch näher an den Fluss heranzugehen. Dabei ist Vorsicht angebracht, da im unmittelbaren Flussbereich die Felsen außerordentlich glatt sein können. Am Weg wechseln Schiefergesteine verschiedenster Ausprägung einander ab. Am Abschluss des Tales stoßen wir noch auf eine botanische Überraschung. Am Ausgang der engen Talstrecke kann man ein Naturdenkmal, die über 140 Jahre alte und 41 m hohe ›**Talwächter‹-Fichte** bewundern.

Wir biegen am Ausgang des Tales nach links ab, gehen durch die Bahnunterführung und gelangen über den am großen, lang gestreckten Haus vorbeiführenden Weg Elendstal zum Vorplatz der **Holzkirche** (3.30 Std.) von Elend.

Holzkirche in Elend

Ilsestein und rastlose Ilse

Auf den Spuren Heinrich Heines durch das Ilsetal

Eine Wanderung durch das Ilsetal gehört sicherlich zu den Höhepunkten eines Harzbesuches. Auf den steil aufragenden Klippen hat man das Gefühl, bereits mitten im Gebirge zu sein, obwohl der Harzrand nur wenige Kilometer entfernt ist.

DIE WANDERUNG IN KÜRZE

+
Anspruch

3.15 Std.
Gehzeit

13 km
Länge

Charakter: Leichte Wanderung meist über Forststraßen; längerer Anstieg zum Ilsestein. Steilere Passagen durch das Ilse- und das Sandtal. Im späten Frühjahr können die Talwege noch vereist sein.

Wanderkarte: Topographische Karte 1 : 50 000 mit Wanderwegen: »Wandern im Ostharz«

Einkehrmöglichkeiten: Waldgasthaus Ilsestein, Waldgasthaus Plessenburg

Anfahrt: Mit dem Kfz: Über die B 6 von Wernigerode, Magdeburg bzw. Bad Harzburg zum Parkplatz im Ilsetal beim Kurparkhotel. **Mit dem Bus:** Mit der Linie 288 von Wernigerode nach Ilsenburg, Kurpark, nur Di, Do und Sa; mit der Linie 283 von Wernigerode bis Ilsenburg Bhf.; mit Linie 877 von Bad Harzburg und Wernigerode nach Ilsenburg. **Mit der Bahn:** Von Halberstadt, Magdeburg.

Startpunkt unserer Wanderung ist der **Parkplatz im Ilsetal** in der Nähe des Kurparkhotels. Wir verlassen den Parkplatz talabwärts zur Rückseite, begeben uns nach rechts auf die asphaltierte Straße und gehen an den linker Hand liegenden Ferienhäusern vorbei in den Wald hinein. Diesem Weg folgen wir und biegen nach ca. 30 m links in einen Pfad ein, der uns am Mühlgraben entlang zur Ilse führt. Hier informiert eine Tafel darüber, dass die Wasserkraft der Ilse schon seit dem Mittelalter wirtschaftlich genutzt wurde. Dieser kleine Fluss überwindet auf der verhältnismäßig kurzen Strecke von 10 km von der Quelle im Brockenbett bis zum Ausgang des Ilsetals einen Höhenunterschied von 600 m. Es ist gut vorstellbar, dass die Energie eines solchen Flusses nur durch wasserbauliche Maßnahmen gebändigt und nutzbar gemacht werden konnte. Mehrere für die Nutzung der Energie im Flusslauf eingebaute Wehre verminderten die Fließgeschwindigkeit. Seit dem 11. Jh. nutzten Betriebe verschiedenster Art die Wasserkraft der Ilse. So trieb der am Wehr abgehende Mühlgraben allein drei Fertigungsstätten.

Nach dieser Einstimmung auf das Ilsetal werden wir neugierig auf die

Verfassung der heutigen Ilse und auf ihre Umgebung. Wir gehen flussaufwärts durch einen hohen Wald, der von der Buche beherrscht wird. Der Weg windet sich unmittelbar an der Ilse entlang und führt an kleineren Felsen vorbei. Vor der Einmündung des Talweges auf die Talstraße passieren wir die Gebäude einer ehemaligen Drahthütte, die 1785 in Betrieb genommen und 1925 als Achsendreherei stillgelegt wurde. Weiter oberhalb befindet sich das Brunnenhaus der Prinzess-Ilse-Quelle. Sie ist ein Säuerling, ein für den Harz relativ seltener Quelltyp. Durch eine Rohrleitung wird das Wasser zum 300 m talabwärts liegenden Sauerbrunnenwerk geleitet, wo der wohlschmeckende und bekömmliche Harzer Tafelbrunnen abgefüllt wird.

Nach 10 Minuten haben wir die Abzweigung zum Ilsestein erreicht. Wir biegen links ab und benutzen die gleichmäßig ansteigende Schotterstraße. Ab der Kehre, in der ein vom Blechhauer heraufführender Weg endet, folgen wir bis zur Plessenburg dem Weg 22A (roter Kreis).

Fast unmittelbar vor dem Ilsestein erhebt sich die unscheinbare **Adlerklippe** aus dem Buchen- und Fichtenwald. Dann taucht auf einem kleinen Plateau das **Waldgasthaus Ilsestein** auf, und dahinter befindet sich der bis zu einer Höhe von 474 m aufragende **Ilsestein** (45 Min.). Es ist – was man besser vom Tal aus erkennen kann – ein markanter, 150 m hoher Granitfelsen, der durchaus einem Vergleich mit der Rosstrappe im Bodetal standhält.

Die exponierte Lage hoch über dem Tal wurde, wie Ausgrabungen im Jahre 1955 bestätigt haben, zum Bau einer Burg genutzt. Die hier entdeckten Reste stammen von einer im Jahre 1003 erbauten Trutzburg, die aber schon 1107 wieder zerstört wurde. Heute befindet sich auf der Spitze dieser Felsburg ein eisernes Kreuz zum Gedenken an die Gefallenen der Kriegsjahre 1813/14. Graf Anton zu Stolberg ließ es am 18. Oktober 1814 aufstellen.

Die Umgebung des Ilsesteins ist im oberen Teil mit Birken und Kiefern bestanden, also eine typische Vegetation für einen felsigen Untergrund. Gleiche Verhältnisse herrschen auch an und auf der etwa 1 km im Südwesten gelegenen Paternosterklippe.

Es ist verständlich, dass in einer morphologisch ruhigen Landschaft ein fast senkrechter Felsenturm ungewöhnlich erscheint und den Besucher Heinrich Heine veranlasste, ihn zu beschreiben: »Der Ilsestein ist ein ungeheurer Granitfelsen, der sich lang und keck aus der Tiefe erhebt. Von drei Seiten umschließen ihn die hohen, waldbedeckten Berge, aber die vierte, die Nordseite, ist frei, hier schaut man in das unten liegende Ilsenburg und die Ilse, weit hinab ins niedere Land. Auf der turmartigen Spitze des Felsens

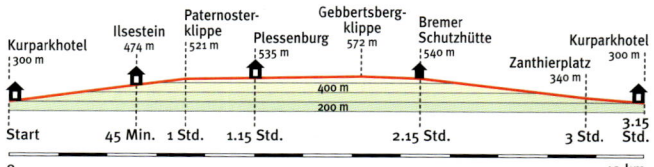

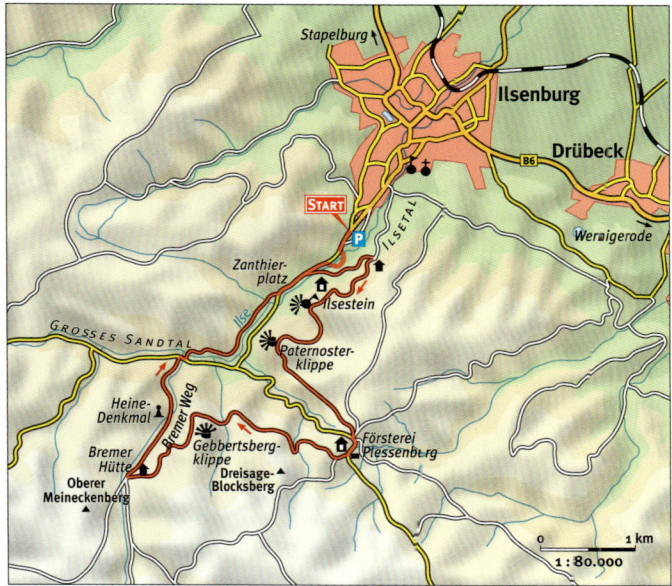

steht ein großes eisernes Kreuz, und zur Not ist da noch Platz für vier Menschenfüße.«

Da der größte Teil des Anstiegs schon geschafft ist, kann man getrost ein wenig in dem gemütlichen Gasthaus verweilen.

Anschließend nehmen wir den Weg vom Ilsestein zur Plessenburg in Angriff. Zunächst ist es ein leicht ansteigender Steig, hinter der Paternosterklippe dann eine fast ebene Forststraße. Mit dem Erreichen der **Paternosterklippe** (1 Std.) verlassen wir das Ilsetal. Die Talhänge werden mit der Annäherung an die Plessenburg flacher, und die Blockstreu auf den Hängen nimmt zu. An der **Plessenburg** (1.15 Std.) stehen die Gebäude auf einer Lichtung mit einzelnen schönen Bergahorn-Bäumen und Eschen.

Wir setzen die Wanderung links hinter dem Gasthaus abbiegend über

den Weg mit dem roten Dreieck fort. Dabei bewegen wir uns am Nordhang des Dreisage-Blocksberges entlang, treffen auf Blockhaufen und 500 m weiter auf eine beachtliche Felsburg, bei der sich allerdings der Aufstieg nicht lohnt. Das Erklimmen der 572 m hohen Gebbertsbergklippe, die wir kurz darauf erreichen, verschafft dagegen einen interessanten Überblick über unser Wandergebiet. Unser Weg, der nur geringfügig ansteigt, endet im Ilsetal.

Unterhalb der **Bremer Hütte** (2.15 Std.) beginnt nun der Talabschnitt mit den Ilsefällen. Wir steigen über den Bremer Weg (9E grüner Balken) durch den schönsten Teil des Ilsetals hinab. Die Ilse rauscht und springt an den auf dem Talgrund liegenden Granitblöcken vorbei oder ergießt sich über sie hinweg. Heinrich Heine war nicht der einzige Dichter, der sich davon inspirieren

111

Die Ilsenburg

ließ und die liebliche Ilse besang. Wir passieren das **Heinrich-Heine-Denkmal** und die unteren Ilsefälle, gelangen am Ende zum Ausgang des Sandtales und queren die Straße. Bald folgen wir auf dem Heinrich-Heine-Weg wieder dem Lauf der Ilse unmittelbar am Westhang des Tales. Dieser neben der Straße verlaufende Weg endet am **Zanthierplatz** (3 Std.) unterhalb des Ilsesteins. Bis zum Ausgangspunkt am **Parkplatz** (3.15 Std.) haben wir noch etwa 1 km zurückzulegen.

Von den Klippen auf den Brocken

Von Schierke auf den höchsten Harzgipfel

Von Schierke bieten sich etliche Möglichkeiten an, hinauf auf den Brockengipfel zu gelangen. Diese eher bequeme Route führt vom landschaftlich reizvollen Südosten auf den höchsten Berg Norddeutschlands.

DIE WANDERUNG IN KÜRZE

++
Anspruch

4.30 Std.
Gehzeit

17 km
Länge

Charakter: Der Anstieg auf den Brocken führt vorwiegend über gute Forstwege und die Brockenstraße und ist recht bequem, allerdings erfordert das kontinuierliche Steigen eine gute Kondition und eine gewisse Beharrlichkeit. Beim Abstieg ist in den moorigen Abschnitten durch das Eckernloch auf feuchte und glatte Stellen zu achten.

Wanderkarte: Topographische Karte 1 : 50 000 mit Wanderwegen: »Wandern im Ostharz«

Einkehrmöglichkeiten: auf dem Brocken

Anfahrt: Mit dem Kfz: Von Braunlage über Elend, bzw. von Wernigerode bis oberhalb Hotel Heinrich Heine. **Mit dem Bus:** Mit der Buslinie 257 von Braunlage und Wernigerode bis Hotel Heinrich Heine. **Mit der Brockenbahn:** Von Wernigerode 1 Std. Fahrzeit bis Schierke, (teuer!!!), wo direkt vom Bahnhof aufgebrochen werden kann und eine Viertelstunde steileren Anstiegs eingespart wird.

Der Aufstieg beginnt am großen **Parkplatz** oberhalb des **Hotels Heinrich Heine** und führt auf einem Steig über einen mit Granitblöcken übersäten bewaldeten Hang hinauf zum **Bahnhof Schierke** (15 Min.). Wir queren die Bahntrasse rechts vom Bahnhof und wenden uns dahinter sofort links. Nach etwa 300 m weist auf der rechten Seite ein Schild zu den bekanntesten Klippen im Harz, den **Feuersteinklippen,** die auf der rechten Seite über einen Waldpfad zu erreichen sind. Im Gegensatz zu vielen anderen, in Auflösung begriffenen

Felsburgen besitzen sie einen kompakten, turmförmigen Aufbau. Sie sind außerordentlich gleichmäßig geformt, ca. 30 m hoch mit fast senkrechten Wänden und einer Vielzahl von horizontalen Klüften. Das Ganze erinnert an einen akkurat übereinander gestapelten Matratzenhaufen.

Nach dem Besuch der Felsburgen setzen wir die Wanderung auf dem Pfad fort, der etwa 400 m weiter an einer Forststraße endet. Wir biegen links ab, können uns aber nicht lange an der ebenen Strecke erfreuen, denn nach weiteren 400 m beginnt der Pfad mit dem endgültigen Anstieg zum Ahrensklint durch einen Jungfichtenwald. Der Ausblick vom **Ahrensklint** (45 Min.) beschert uns einen Überblick über das Tal der Kalten Bode, auf die hohen Berge mit dem Wurmberg im Hintergrund und auf die bewaldete Landschaft um Tanne im Süden und Südwesten.

Über einen Pfad durch eine Schonung betreten wir schließlich den Glashüttenweg (grünes Kreuz), der seinen Namen von der ehemaligen Glashütte im Jakobsbruch erhielt. Dieses Moorgebiet befindet sich nördlich des Erdbeerkopfes, der zusammen mit den Hohneklippen im Hintergrund aufgetaucht ist.

Der Glashüttenweg ist von allen der landschaftlich abwechslungsreichste Brockenanstieg mit schöner Fernsicht, vor allem zum Wurmberg. An vielen Stellen unterhalb des Brockenbettes fühlt man sich aufgefordert zu verweilen, besonders bei schönem und warmen Wetter. Dann sollte man es ruhig in Kauf nehmen, deutlich mehr als 2.30 Std. für den Aufstieg zu benötigen.

Zügig geht es über den ausgebauten Weg durch Fichtenwald voran, so dass wir bald auf der sattelförmigen Verebnung des **Brockenbettes** (1.45 Std.) stehen. Es ist nicht verwunderlich, dass in einer solchen niederschlagsreichen Landschaft mit nährstoffarmem Granit im Untergrund Verebnungen vermoort sind. So brauchen wir nicht weit zu

gehen, um sogar einen kleinen Tümpel zu entdecken, hinter dem die Gipfelaufbauten des Brockens aufragen.

Noch besser ist der Brocken zu sehen, wenn man sich die Mühe zu einem kleinen Abstecher auf die **Brockenkinder** oder Renneckensteine macht (etwa 10 Minuten). Es handelt sich um Blockhaufen zwischen Heidelbeersträuchern, Ebereschen und kleinen Fichten, ein Platz der zum Rasten geradezu geschaffen ist.

Der weitere Anstieg erfolgt nun über die **Brockenstraße,** vorbei am Quellgebiet der Ilse und den vermoorten Hängen der 1044 m hohen Heinrichshöhe. Der Fichtenwald ist stark aufgelichtet. Nach der Querung der Brockenbahntrasse am **Goetheweg** (2.15 Std.) passieren wir schließlich die nur wenig unterhalb des Gipfels befindliche Baumgrenze und erreichen den nur mit niedrig wachsenden Pflanzen bestandenen plateauartigen Gipfel des **Brockens** (2.30 Std.).

Auf dem Gipfel ist ein Besuch des Museums und des 1890 von der Universität Göttingen angelegten Brockengartens zu empfehlen. Trotz der Verwilderung in den Nachkriegsjahren haben sich einige Pflanzen des Gartens auf dem Gipfelplateau halten können. So begegnet man auf dem Brocken Pflanzen, die man sonst nur in den Alpen zu finden glaubt.

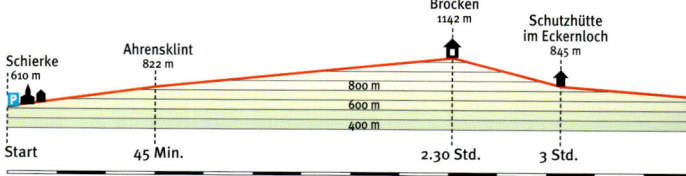

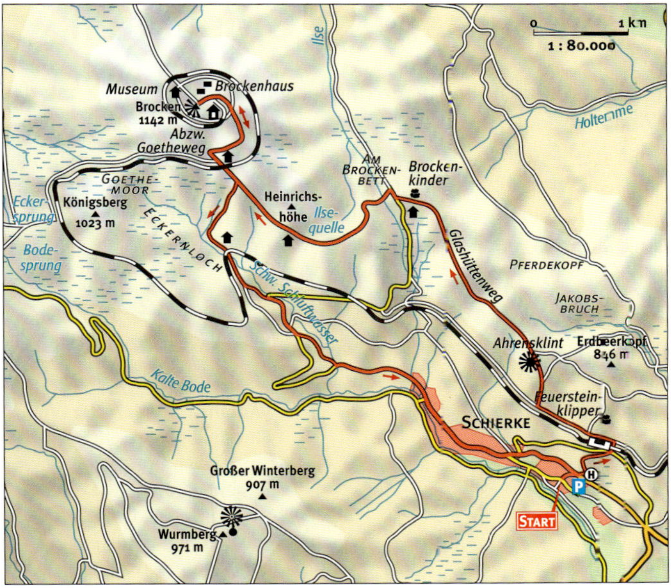

Tour 24

Auf der Brockenstraße verlassen wir die Gipfelzone des höchsten Harzberges mit dem Erreichen der Baumgrenze. Unterhalb des **Bahnübergangs** (Abzweigung Eckernloch, 2.45 Std.) begeben wir uns in ein mooriges Gelände, das sich am Ostrand des amphittheaterförmigen Schluftwasser-Quellgebietes erstreckt. Die dichte Folge von Wasserläufen weist neben den Bohlenstegen und buckelreichen Flächen auf den moorigen Charakter des Untergrundes hin. Über ›Stock und Stein‹ geht es auf direktem Weg abwärts durch eine an die Alpenregion erinnernde Waldlandschaft zur **Schutzhütte im Eckernloch** (3 Std.). Vor dem Bahnübergang erreichen wir die Tiefenlinie des Tales. Hier bieten sich verschiedene mehr oder weniger parallele Wege an, denen man parallel zum Bachlauf folgen kann. Schließlich kommen wir nach Queren der Brockenstraße in Höhe des Schluftkopfes im **Bodetal** (3.30 Std.) am Wasserbehälter an. Den letzten Abschnitt der Wanderung setzen wir auf der Brockenstraße fort. Bis zum Ziel in der **Ortsmitte von Schierke** (4.30 Std.) sind es noch etwa 3 km.

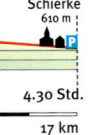

Schierke
610 m

4.30 Std.

17 km

Tour 25

Granitburgen und Grasbülten

Von Drei Annen Hohne in die Felsburgen- und Moorlandschaft der Hohneklippen

Nur die Felsgebilde über dem Okertal vermitteln mit ihrer Vielfalt einen ähnlich nachhaltigen Eindruck von der Felslandschaft im Granit wie die Hohneklippen südöstlich des Brockens. Aus einer moorigen Umgebung ragen ungewöhnliche Felsburgen auf.

DIE WANDERUNG IN KÜRZE

++
Anspruch

2.30 Std.
Gehzeit

10 km
Länge

Charakter: Die Wanderung stellt wegen des verhältnismäßig langen und gleichmäßigen Anstiegs gewisse Anforderungen an die Kondition. Die Route führt meistens über gute Forstwege oder -straßen. Ungewohnt ist nur der Weg über einen Bohlensteg im Moor, unbequem der Abstieg über den Beerenstieg; er erfordert Trittsicherheit.

Wanderkarte: Topographische Karte 1:50000 mit Wanderwegen: »Wandern im Ostharz«

Einkehrmöglichkeiten: keine

Anfahrt: Mit dem Kfz: Von Braunlage bzw. Elbingerode nach Drei Annen Hohne über die B 27. **Mit dem Bus:** Mit Linie 257 von Wernigerode, Elend und Braunlage. **Mit der Harzer Schmalspurbahn:** Ab Wernigerode und zurück, Fahrtzeit etwa 40 Min.

Hinweis: Im Moorgebiet den Weg nicht verlassen!

Drei Annen Hohne liegt an der Strecke von Wernigerode nach Schierke. Es besteht aus einer Bahnstation, einem Nationalpark-Informationszentrum, einem Hotel und stellt mit einem großem Parkplatz die beste Basis für einen Aufstieg zu den Granitklippen im Südosten des Brockens dar. Der Flecken war ein ehemaliger Viehhof, in dessen Nähe zwischen 1770 und 1800 eine Kupfer- und Silbererzgrube betrieben

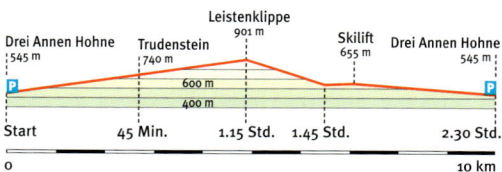

wurde. Die Bezeichnung Hohne, die auch in anderen deutschen Mittelgebirgen bekannt ist, kann von dem althochdeutschen *hun* (=hoch) abgeleitet worden sein. Mit den drei Annen sind wohl die Tochter des Grafen Christian Ernst zu Stolberg-Wernigerode und ihre beiden Patinnen gemeint. Alle drei Damen hießen Anna; nach ihnen sind damals die Bergwerksanteile (Kuxen) benannt worden.

Wenngleich kein Gipfel auf dieser Wanderung angestrebt wird, ist mit einer Überwindung von etwa 350 Höhenmetern die Wanderung schon nicht mehr als ein Spaziergang zu bezeichnen. Vom Ausgangspunkt, dem **Parkplatz** von Drei Annen Hohne, bzw. der Bus- oder Bahnstation, wendet man sich dem Eingang zum Nationalpark Hochharz mit den beiden Übersichtstafeln an der Westseite der Straße von Wernigerode nach Schierke zu.

Bereits etwa 300 m hinter dem Eingang sollte man einen Abstecher über die Wiese auf der linken Seite machen, denn erstens bietet sich gerade im Morgendunst eines Frühsommertages ein schöner Ausblick

auf das Elbingeröder Feld und den Ostharz, und zweitens kann man ein Musterexemplar einer alten Eiche, die **Hohne-Eiche** (15 Min.), mit einem mehr als meterdicken Stamm bestaunen.

Wir kehren wieder zur Straße zurück, halten uns an der Abzweigung zum Forsthaus Hohne in der Mitte und queren, dem Wegzeichen mit dem roten Balken folgend, nach etwa 1,5 km den **Wormkegraben**.

Der Name dieses künstlichen Wasserlaufs ist vermutlich von *warm beke* (= Warmwasser) abgeleitet. Ein Graben mit diesem Namen wurde bereits im 12. Jh. erwähnt; er ist damit offensichtlich der älteste Wassergraben des Harzes. Er nimmt Wasser von der Wormke unterhalb des Erdbeerkopfes auf und führt es bei Drei Annen Hohne dem nach Wernigerode fließenden Zillierbach zu.

Wir halten uns an den beiden folgenden Verzweigungen bzw. Einmündungen der Wege jeweils links und treffen im letzten Falle auf den Glashüttenweg (s. S. 114). Inzwischen herrscht unter den Waldbäumen die Fichte vor. An der ersten Granitklippe, dem **Trudenstein**

117

(45 Min.), lassen wir uns nach einem längeren Weg ohne Fernsicht nicht lange bitten und folgen der von eisernen Stufen und dem Geländer ausgehenden Einladung zur Besteigung dieser Felsburg. Bei kurzer Rast bieten sich uns gute Aussichtsmöglichkeiten über Schierke und die Wälder hinweg nach Süden bis zum 15 km entfernten Stöberhai. Der Aufbau der Klippe als eine Ansammlung wollsackförmiger Granitblöcke wird einem dann richtig veranschaulicht, wenn man den Abhang hinabsteigt und sie von ihrer Basis betrachtet.

Nachdem wir die Wanderung über eine etwas flachere Wegstrecke fortgesetzt haben, begegnen wir dem Wormkegraben wieder. Er begleitet uns zu unserer Linken auf dem Weg durch hohen Fichtenwald. Etwa 800 m oberhalb des Trudensteins biegt die Route noch vor dem Erdbeerkopf an einer Schutzhütte nach rechts ab in das Wormketal. Der Graben hat hier seinen Anfang. Nach etwa 300 m verlassen wir schon wieder die kurzzeitig benutzte Forststraße nach rechts, folgen einem gekennzeichneten Steig (grünes Quadrat) durch eine Schneise und gelangen schließlich, zum Teil über einen Knüppeldamm, auf die vermoorten Hänge unterhalb der Hohneklippen.

Besonders linker Hand sind während der Sommertage die Hänge von den weißen, wie Wattebäusche aussehenden Blütenständen des Wollgrases bedeckt. In beeindruckender Weise erhebt sich auf der rechten Seite die aus riesigen Granitblöcken bestehende Felsburg der Bärenklippe.

Die über Bohlen bzw. einen Knüppeldamm geführte Strecke endet auf einem steinigen Weg. Hier biegen wir nach links ab und stehen nach 200 m am Zugang zu unserem Tagesziel, der **Leistenklippe** (1.15 Std.).

Der Name dieser Felsburg ist wahrscheinlich aus dem althochdeutschen *listen* abgeleitet und bedeutet so viel wie Rand, Saum, Borte. Die Klippe ist unmittelbar vor dem Abhang gelegen. Man blickt von ihr auf den Harzrand und das Vorland. Nur wenige Kilometer von dieser ungewöhnlichen, nahezu baumfreien Granitlandschaft entfernt, schmiegt sich Wernigerode an den Ausgang des Holtemme-Tales. In der Nähe des Zentrums ist das Schloss auf dem Westsporn des Agnesberges zu erkennen. Der Abstieg von den Klippen erfolgt über den **Beerenstieg** (25D, roter Kreis). Die Benutzung dieses Steiges erfordert besonders im obersten Teil neben der Fähigkeit zum Klettern auch Trittsicherheit sowie ein gewisses Maß an Orientierungsfähigkeit. Der Beerenstieg trifft nach etwa 500 m auf einen ersten Querweg. Hier muss man links von einem Pfahl weiter absteigen. Nach dem zweiten Querweg kann man den nun vorhandenen Wegzeichen folgen.

Bis zum Ende unseres Steiges müssen wir auf einer Wegstrecke von etwa 1,5 km auf unebenen Untergrund 250 Höhenmeter absteigen. Am **Ende des Beerenstiegs** (1.45 Std.) sind wir nur noch 100 m höher als Drei Annen Hohne. Wir befinden uns auf dem Oberen Hohneweg und biegen auf dieser Forststraße nach rechts ab. Nach etwa 300 m kann man über den jungen Fichtenbestand hinweg weit in den Unterharz schauen. Wir bleiben weiterhin auf der Forststraße. Bald tauchen die Wintersporteinrichtungen des Hohnekopfes auf. Etwa 100 m dahinter biegt die Straße nach links

ab und führt hinab zu einer Schutzhütte und einer als Wegweiser die-
nenden Steinsäule. Hier müssen wir
rechts abbiegen und gelangen
schließlich nach 1 km zum **Forsthaus Hohne** (2.15 Std.). Nun begleiten Kastanien unseren Weg. Etwa
300 m weiter erreichen wir wieder
den Aufstiegsweg. Wir biegen nach
links ab und befinden uns nach
knapp 10 Minuten wieder auf dem
Parkplatz (2.30 Std.).

Der Trudenstein

Tour 26

Geradewegs auf den Stöberhai

Von Bad Sachsa auf einen der markantesten Berge des Südharzes

Von vielen Punkten des Harzes ist der markante Gipfel des Stöberhais zu sehen. Kastenförmig ragt er aus der etwa 100 m tiefer gelegenen Hochflächenlandschaft des Südharzes und weckt natürlich das Verlangen, ihn zu besteigen.

DIE WANDERUNG IN KÜRZE

++
Anspruch

5 Std.
Gehzeit

18 km
Länge

Charakter: Bergwanderung mit stetigem Anstieg bis zur Richtstieghütte auf leichten Wegen. Im steileren Gelände unmittelbar unterhalb des Stöberhai-Gipfels und von Wieda bis Eulingswiese ist bei feuchterem Wetter aufmerksames Gehen erforderlich.

Wanderkarte: Topographische Karte 1 : 50000 mit Wanderwegen: »Wandern im Ostharz«

Einkehrmöglichkeiten: Bis Wieda keine. Wegen des längeren Anstieges und der fehlenden Einkehrmöglichkeit sollten unbedingt Getränke und Proviant mitgenommen werden.

Anfahrt: Mit dem Kfz: Bis zur Parkmöglichkeit am Kurpark oder Gesundungshaus. **Mit dem Bus:** Mit der Linie 455 von Bad Lauterberg, Zorge, Hohegeiß/Braunlage, Walkenried bis Rathaus .

Hinweis: Bei guter Sicht lohnt ein kleiner Umweg: ab dem Sattel hinter der Richtstieghütte zur Uffequellenhütte (Einkehrmöglichkeit) und zum Ravensberg (großartige Fernsicht, ca. 2,3 km), weiter auf Weg 29C bis Stephanhütte (insges. ca 3 km), ab hier wieder identisch mit der normalen Route.

Die Rundwanderung beginnt im **Uffetal** oberhalb des **Kurzentrums von Bad Sachsa,** wo es auch genügend Parkmöglichkeiten gibt. Von

der Bushaltestelle Rathaus erreichen wir den Ausgangspunkt über die Hindenburgstraße und Am Kurpark. Die Wanderung beginnt mit

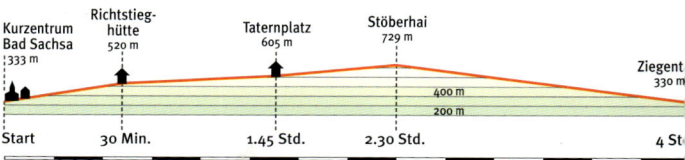

Kurzentrum Bad Sachsa 333 m — Richtstieghütte 520 m — Taternplatz 605 m — Stöberhai 729 m — Ziegent 330 m

Start — 30 Min. — 1.45 Std. — 2.30 Std. — 4 St

400 m
200 m

0

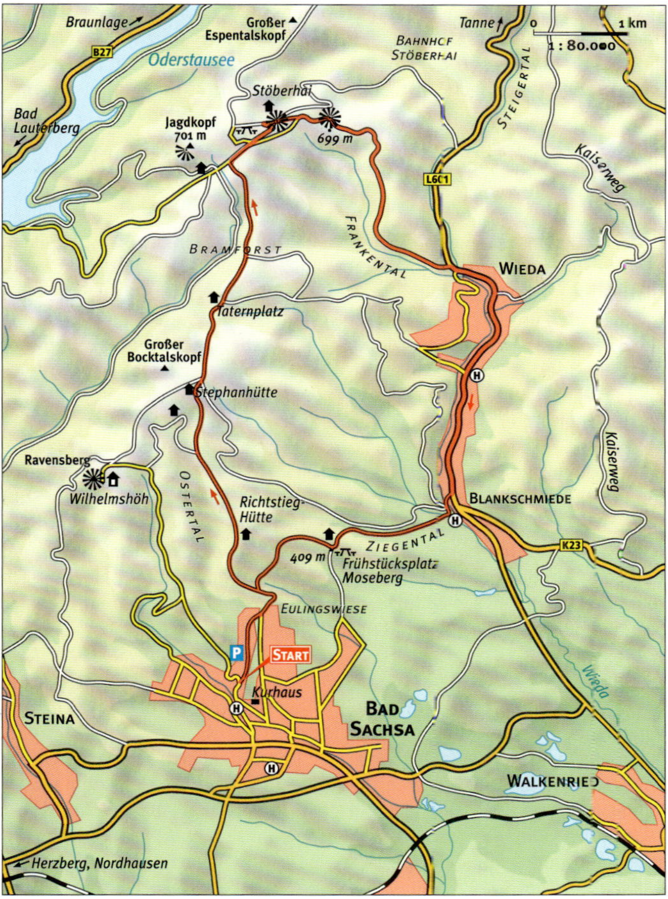

Tour 26

Braunlage
B27
Oderstausee
Bad Lauterberg
Großer Espentalskopf
Stöberhai
Jagdkopf 701 m
699 m
BRAMFORST
Laternplatz
Großer Bocktalskopf
Stephanhütte
Ravensberg
Wilhelmshöh
OSTERTAL
Richtstieg-Hütte
409 m
ZIEGENTAL
Frühstücksplatz Moseberg
EULINGSWIESE
P
START
Kurhaus
STEINA
BAD SACHSA
WALKENRIED
Herzberg, Nordhausen
Tanne
BAHNHOF STÖBERHAI
STEIGENTAL
Kaisenweg
FRANKENTAL
L601
WIEDA
BLANKSCHMIEDE
K23
Kaisenweg
Wieda
1 km
1:80.000

einem Anstieg zum Schützenplatz über die Ostertalstraße und weiter zur 1,2 km entfernten Eulingswiese. Dort wenden wir uns nach links,

passieren das Berghaus und folgen nun der Markierung 12K mit dem grünen Balken Richtung Stöberhai. Es ist ein stetig ansteigender Weg, auf dem wir uns an der ersten Gabelung nach etwa 100 m links zu halten haben, wie es durch den dort befindlichen Wegweiser ausgewiesen wird. Wir befinden uns nun im Bad Sachsaer Stadtforst, der generell zu zwei Dritteln aus Nadel- und einem Drittel aus Laubwald besteht.

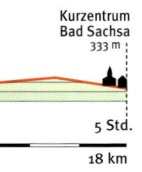

Kurzentrum Bad Sachsa
333 m

5 Std.

18 km

Bereits nach 100 m folgt die nächste Weggabelung. Über den linken Teil, eine gut zu begehende Forststraße, verlassen wir das obere Borntal. Auffälligste Krautpflanze am Wegesrand ist der Fingerhut. Fast 3 km wird nun der Weg bis zu einer Höhe von 620 m stetig ansteigen.

Doch zunächst einmal erreichen wir die **Richtstieghütte** (30 Min.). Hier verlassen wir den Stadtforst und befinden uns jetzt auf der Wasserscheide zwischen dem Wieda- und dem Odertal. Der Wald löst sich in Parzellen mit Bäumen unterschiedlichen Alters auf. Auf dem ebeneren Teil endet der geschlossene Wald. Ältere Buchen- und Fichtenbestände mit einem Alter von fast 150 Jahren und einer Höhe über 20 m zeigen durch eine schüttere Beästung ein deutliches Schadensbild. Wo der Hochwald endet, teilt sich in einem Sattel an einem Bergahorn der Weg.

Wir setzen die Wanderung vom Bergahorn aus auf dem gerade-aus verlaufenden Hauptweg fort. Er steigt über eine Stufe auf über 600 m an. Seit Betreten des offeneren Geländes oberhalb der Richtstieghütte säumen in weiten Abständen frisch gesetzte Laubbäume den Weg. Es handelt sich um Bemühungen, einheimische Laubgehölze an den Wegrändern anzusiedeln. Weiden, Birken und Ebereschen sollen für eine größere Vielfalt sorgen.

Dieser Teil des Höhenweges endet an der Kreuzung mit der **Stephan-Hütte**. Diese Hütte erinnert an den Generalpostmeister Heinrich von Stephan (1831–1897), den prominentesten Feriengast von Bad Sachsa.

Wir folgen dem Weg 12K (grüner Balken, auch 30C). Die Route führt weiterhin zwar über die Höhen, wechselt aber im Gefälle durch die sattelförmigen Einmuldungen oberhalb der rechts und links des Weges beginnenden Täler. Nach etwa 1 km taucht auf der linken Seite am **Taternplatz** (1.45 Std.) die Dr.-Hampe-Hütte auf. In der Höhe des Punktes Bramforst geht auf der rechten Seite der Fichtenwald in einen Buchenwald mit stattlichen Bäumen über. Hier bietet sich bei schlechtem Wetter als Abkürzung ein Abstieg nach Wieda (12N grüner Kreis) an. Nach weiteren 1,3 km endet der gut begehbare Forstweg auf einer asphaltierten Straße. Rechts hinauf sind es noch 700 m, bevor wir das **Gipfelplateau des Stöberhais** (ca. 720 m, 2.30 Std.) erreichen. Wir befinden uns auf der Wasserscheide zwischen Weser und Elbe. Auf dem Gipfel befinden sich nur eine Schutzhütte und mehrere Sitzgelegenheiten mit Tischen, also keine Einkehrmöglichkeit. Zur Rast lassen wir uns auf den Sitzbänken nieder, genießen die Aussicht und den Proviant.

Der Rundblick ist beträchtlich. Im Westen taucht die Hanskühnenburg auf dem Acker auf, im Norden ist der 15 km entfernte Brocken zu sehen. Tief unten im Tal befinden sich im Osten Zorge und Wieda, unser nächstes Ziel. Im Süden breitet sich schließlich das Harzvorland aus.

Der Gipfel ist hauptsächlich mit Laubbäumen bestanden. Darunter befinden sich die Linde, die Eberesche, der Bergahorn und vor allem die Esche. Von den krautartigen Pflanzen ist die Anwesenheit des Drüsigen Springkrautes mit seinen rosa, etwas an den Eisenhut erinnernden Blüten, ungewöhnlich. Es ist ein Einwanderer aus Ostindien, der sich offensichtlich auch in dieser Höhe wohl fühlt.

Der Abstieg nach Wieda erfolgt auf dem kürzesten Weg (31B gelbes Dreieck) durch das **Frankental.** Noch im Bereich des stufenförmigen Abbruchs des Gipfelplateaus sehen wir im Osten die bewaldeten Höhen um Hohegeiß. Am Fuß der Stufe und zugleich am oberen Rand des Tales beginnt ein gleichmäßig abfallender, sehr gut begehbarer Forstweg durch Buchenwald direkt bis zum Nordrand von **Wieda** (3.15 Std.). Der 2000 Einwohner zählende Ort ist eine Gründung des Zisterzienserklosters Walkenried und war sowohl Hüttenort als auch Bergmannssiedlung.

Im Ort bestehen mehrere Möglichkeiten einzukehren. Ohne Einkehr benötigt man etwa eine Stunde, um Wieda zu durchqueren. Dabei kann man die durch den Ort führende Talstraße oder einen Weg am Talhang benutzen. Die Abzweigung nach Bad Sachsa zurück beginnt unmittelbar südlich des Friedhofes. Dort befindet sich direkt an der Ecke ein Wegweiser. Wir biegen nach rechts auf die Pfarrwiese ab und folgen dem Weg 12P (grüner Kreis). Die Straße verläuft nach links zum Holzapfeltal. Hier ist zunächst der asphaltierte Forstweg zu benutzen. Diesen verlassen wir dann nach etwa 50 m wiederum nach links, um dann über eine Brücke auf den südlichen Talweg durch das **Ziegental** (4 Std.) zu gelangen. Der Weg folgt fast der Talsohle und wird nach etwa 1,2 km oberhalb einer Linkskurve steiler. Das Steilstück endet am **Frühstücksplatz** des **Moseberges** (4.15 Std.). Wir folgen weiterhin dem Weg mit dem grünen Kreis. Es ist ein sanft ansteigender Forstweg durch hohen Buchenwald, der an der Eulingswiese endet. Damit sind wir schon fast am Ausgangspunkt der Wanderung angekommen. Über die uns bereits bekannte **Ostertalstraße** führt der Weg ins Uffetal am Schützenplatz vorbei zum **Kurzentrum** (5 Std.).

Bad Sachsa

1988 beging der Kurort sein 750-jähriges Jubiläum, denn in einer Urkunde des Klosterortes Walkenried von 1238 wurden erstmals Ansiedler von Sachsa erwähnt. Es ist denkbar, dass der Ort bedeutend älter ist. Die Niederlassung der Kolonisten von Sachsa dürfte zur Grenzsicherung und -überwachung für die damalige Grafschaft Klettenberg-Hohnstein gedient haben, denn die Ortsgrenze von Sachsa war zugleich zu einem beträchtlichen Teil Landesgrenze Der Dreiherrenstein erinnert in ähnlicher Weise wie im Hochharz der Dreieckige Pfahl an das Zusammenlaufen der Grenzen von drei ehemaligen deutschen Ländern. Es waren Preußen, Braunschweig, Hannover bzw. deren Vorläufer.

Im kaiserlichen Jagdrevier

Über die Höhen zwischen Warmer Bode und Rappbode

In dieser Hochflächen-Landschaft sind selbst größere Täler kaum in den Untergrund eingetieft. Blumenreiche Wiesen und leuchtende Laubbäume im Herbst kennzeichnen diesen Teil des Harzes, in dem sich auch ohne Jagdfieber die königlichen Jäger des Mittelalters wohl fühlen mussten.

DIE WANDERUNG IN KÜRZE

++
Anspruch

5.30 Std.
Gehzeit

20 km
Länge

Charakter: Mittelschwere Wanderung über vorwiegend gute Forstwege durch eine Hochflächenlandschaft mit geringfügigen Höhenunterschieden.

Wanderkarte: Topographische Karte 1 : 50 000 mit Wanderwegen: »Wandern im Ostharz«

Einkehrmöglichkeiten: in Trautenstein und Königshütte

Anfahrt: Mit dem Kfz: Anreise aus Richtung Braunlage sowie Ost- und Westharz über die B 242; aus Wernigerode über Königshütte sowie aus dem Süden über Benneckenstein.

Mit dem Bus: Mit der Linie 262 von Wernigerode bzw. Benneckenstein nach Tanne, Braunschweiger Hof.

Tanne ist ein ehemaliger Bergbau- und Hüttenort. Eine Eisenhütte bestand bereits im Jahre 1353. Eisenverhüttung wurde bis zum Jahre 1964 betrieben.

Die Wanderung beginnt am **Parkplatz** der im Bodetal abknickenden B 242 gegenüber dem Gasthof Braunschweiger Hof (zugleich auch Bushaltestelle). An der Nordseite

dieses kleinen Platzes steigen wir über die Kleine Bergstraße an und verlassen sie nach etwa 250 m nach links. Hier begeben wir uns auf einen Feldweg und queren auf einer Strecke von etwa 800 m ein Wiesengelände. Es sind die alten Tanner Feldfluren, deren interessante Flurnamen einem auch in anderen Gebieten des Harzes wieder begeg-

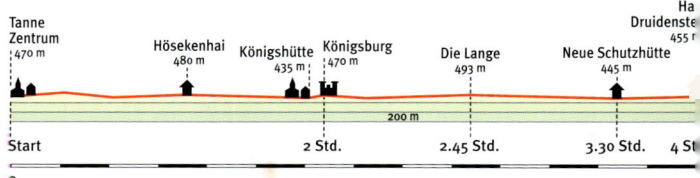

Tanne Zentrum 470 m — Start

Hösekenhai 480 m

Königshütte 435 m

Königsburg 470 m — 2 Std.

Die Lange 493 m — 2.45 Std.

Neue Schutzhütte 445 m — 3.30 Std.

Ha Druidenste 455 r — 4 St

200 m

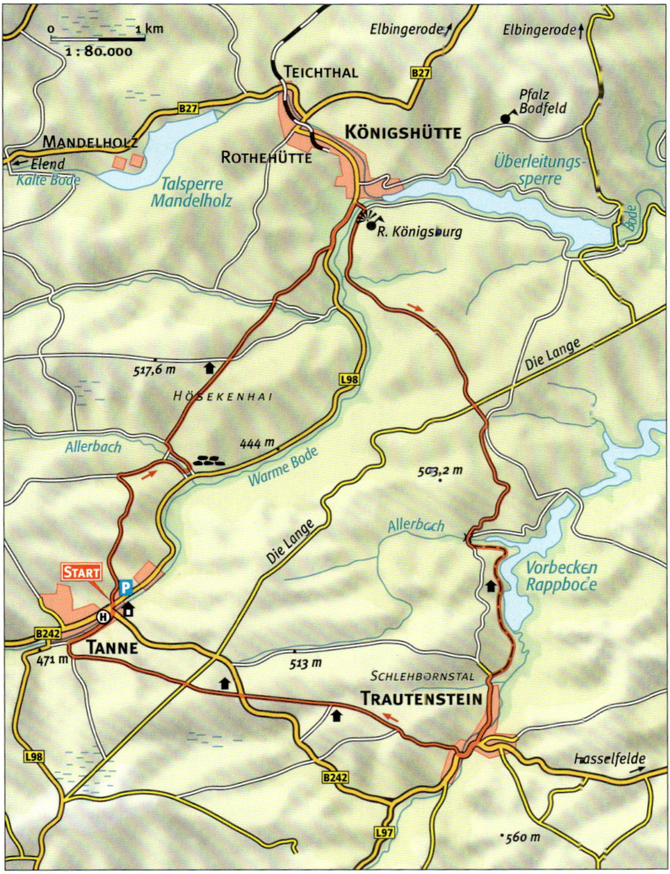

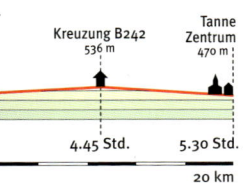

nen, so z. B. Bratwurst, Pastorenkopf, Küchenhai, wobei die Bezeichnung *hai* (kahle Fläche) schon andeutet, von welcher Qualität die Felder gewesen sein werden. Die einst vorhandenen 60 ha Ackerland waren sehr steinreich, so dass in schwerer Handarbeit mit Kuhgespannen auf den Böden nur Kartoffeln und Roggen angebaut werden konnten. Heute ist der Feldbau eingestellt. Auf den Wiesen verströmt die Bärwurz ihren stark würzigen Duft. Es ist eine Arznei- und frühere Gemüsepflanze, die gerne auch bei der Herstellung von hochprozentigen Destillaten Verwendung findet.

Bergahorn am Wegesrand

Wir verlassen das Wiesengelände und erreichen hinter einem Tälchen die **Waldgrenze.** Als Wegmarkierungen dienen auf dieser Strecke das gelbe Dreieck und der grüne Kreis. Wir gehen geradeaus in den Wald hinein, biegen auf der Höhe links ab, durchqueren einen Fichtenwald und treffen auf eine **Lichtung** mit einem kleinen Fischteich. Auf der hier querlaufenden Forststraße gehen wir nach rechts talauswärts bis zu einem großen **Steinbruch** auf der linken Seite. Hier im **Allerbachtal** (30 Min.) befindet sich der *locus typicus* für die Tanner Grauwacke, die nach dem Granit wohl die bekannteste Gesteinsart für den Harz ist. Sie erreicht als Sedimentgestein eines vor mehr als 300 Millionen Jahren existierenden Meerestroges Mächtigkeiten bis zu 500 m und bildet heute als Tanner Grauwackenzug die Grenze zwischen Mittel- und Unterharz.

In den frühen Sommertagen sollte man sich auch nach blühenden Kräutern umsehen und wird dabei

so manche interessante Entdeckung machen. Auf den Halden und am Wegesrand blühen beispielsweise das Echte Labkraut, das Stiefmütterchen, die Rote Lichtnelke und viele andere Arten.

Nach dem Besuch im Steinbruch gehen wir wieder ein Stück in das Tal hinein und setzen den Weg an der Gabelung auf der rechten Seite fort. Hinter der Rechtswendung verlassen wir die Forststraße über einen lehmigen und daher bei feuchter Witterung schmierigen Weg auf der rechten Seite (48H gelbes Dreieck). Wir betreten das Gebiet des vorwiegend von Fichten bestandenen **Hösekenhais,** eines Höhenrückens zwischen zwei zur Warmen Bode entwässernden Seitentälern. Eine Schutzhütte am Rande lädt zum Verweilen ein. Bis zum Austritt aus dem Wald südlich von Königshütte werden zwei kleine Täler mit kurzen, aber steilen Hängen gequert. Am Ausgang des Waldes ist eine Gelegenheit gegeben zu rasten; hier kann man sich auf einer Informationstafel über die Prinzipien der Waldwirtschaft informieren und einen Ausblick auf die Landschaft um Königshütte genießen. Wiesenhänge begleiten uns auf dem Weg hinab zum Bodetal und zur Straße nach Königshütte.

Wir folgen hier etwa 700 m der Straße, um die Warme Bode über die nächste Brücke nach rechts zu überschreiten. Ein Wegweiser geleitet uns zur Ruine der **Königsburg** (2 Std.), die wir nach einem Anstieg über einen Pfad erreichen. Die Überreste dieser Anlage befinden sich vor dem Zusammenfluss der Kalten und Warmen Bode. Von der um 1300 erbauten Königsburg sind die Ruine des Burgfrieds und Mauerreste sowie nur einige in den Fels gehauene Stufen und die Zisterne erhalten. Die

Burg diente zum Schutze alter Handelswege (Susenburg). Beeindruckend ist die Aussicht auf das Brockenmassiv mit seinen bekanntesten Bergen.

Anschließend steigen wir über denselben Weg wieder hinab und bleiben zunächst auf der östlichen Talseite der Warmen Bode. Das Tal ist als typisches und schönes Sohlental ausgebildet. Erlen und Weiden begleiten den kleinen in der Aue pendelnden Fluss. Nach etwa 600 m verlassen wir das Bodetal nach links (Markierung blaues Kreuz) und steigen über eine Forststraße allmählich um 50 m auf die Höhen des Staatsforstes an. Auf der Höhe ist das mit hohem Fichtenwald bestandene Gelände sehr eben. In Höhe der Kreuzung mit der ›Langen‹ (2.45 Std.) wird zugleich auch die Wasserscheide zwischen der Warmen und der Rappbode passiert. Etwa 1 km südlich der Kreuzung folgen wir auf der Tiefenlinie einem Tälchen, das in das Allerbachtal, dieses Mal ein Seitental der Rappbode, einmündet. Wir queren den Bach, bleiben jedoch im Tal, biegen nach links ab und gehen auf der rechten Talseite dem Vorbecken des Rappbodestausees entgegen. Am Nordufer des Stausees lädt eine Hütte mit Sitzplätzen zur Rast ein.

Der See wird unseren Weg fast bis nach Trautenstein begleiten. Sommerliche Blütenpracht mit Tauben-Skabiosen, Lichtnelken, gelbem und purpurnem Fingerhut oder die leuchtenden Farben der Bäume im Herbst machen den Weg am Nordufer zu einem besonderen Erlebnis. Nicht weit hinter dem schilfbewachsenen Ufersaum am Anfang des Sees taucht Trautenstein mit seiner kleinen barocken Kirche (geweiht 1701) auf einer Anhöhe auf. Über die Sägemühlenstraße, die Rappbodebrücke und die Schützenstraße endet dieser Streckenabschnitt am **Hotel/Restaurant Druidenstein** (4 Std.).

Wir folgen der B 242 in Richtung Süden und gelangen nach 250 m und einer weiteren Querung der Rappbode zum Beginn des Übergangs nach Tanne. Wir gehen nach rechts neben der Bushaltestelle den Abhang hinauf. Ein Hinweisschild ›Tanne‹ befindet sich auf der linken Wegseite an einer Fichte. Ein Pfad führt uns durch ein Tälchen in einer Wiesenlandschaft aufwärts. Auf der Höhe angekommen, kann man von einer Sitzbank noch einmal nach Süden auf die bewaldeten Randhöhen mit der Bärenhöhe und der Carlshaushöhe blicken. Der Weg ist im Gegensatz zur Wanderkarte mit einem grünen Quadrat ausgewiesen.

Nach Verlassen des Rappbodetals befinden wir uns wieder in der bequem zu begehenden Hochflächenlandschaft, deren Wiesen im Umfeld von Trautenstein dazu einladen, sich umzuschauen. An der nächsten Gabelung (Baumgruppe) nehmen wir den linken Weg, der in einem Fichtenforst auf der Hälfte der Strecke nach Tanne die **B 242** (4.45 Std.) kreuzt. Am Weg bietet eine Hütte die Möglichkeit zu rasten. Westlich der Straße kreuzen wir wiederum die ›Lange‹; hier beginnt dann allmählich der Abstieg nach Tanne. Im Tal der Warmen Bode angekommen, nehmen wir den Uferweg nach rechts zum Ausgangspunkt in Tanne am **Braunschweiger Hof** (5.30 Std.).

Tour 28

Zwischen zwei Rodungsinseln

Von Hasselfelde über die Höhen nach Benneckenstein

Die Wanderung kommt einem Spaziergang ins Grüne gleich. Die Landschaft ist geprägt von den Wiesen im Umland der Ortschaften, von Buchenwäldern auf den Höhen sowie von den Auen im Einzugsgebiet der Rappbode.

DIE WANDERUNG IN KÜRZE

+
Anspruch

4 Std.
Gehzeit

15 km
Länge

Charakter: Leichte Wanderung vorwiegend über Forststraßen und gute Wege ohne bedeutende Anstiege. Im Bereich des Dammbachtales zum Teil feuchter Wiesengrund.

Wanderkarte: Topographische Karte 1 : 50 000 mit Wanderwegen: »Wandern im Ostharz«

Einkehrmöglichkeiten: Unterwegs keine, daher im Sommer Getränke mitnehmen

Anfahrt: Mit dem Kfz: Aus Umgebung Nordhausen und Magdeburg über die B 81, aus dem Westen Braunlage über die B 242.
Mit dem Bus: Mit der Linie 261 von Blankenburg bzw. Halberstadt, mit der Linie 265 von Allrode, Blankenburg, Elbingerode, Wernigerode, Stiege jeweils nach Hasselfelde, Busbahnhof. Busrückfahrt mit Linie 261 von Benneckenstein, Haus des Gastes, bis Hasselfelde, Busbahnhof, letzter Bus gegen 18 Uhr.
Mit der Harzquerbahn: Von Nordhausen 1.30 Std.

Die Wanderung beginnt am **Bahnhof von Hasselfelde.** Wir gehen auf der Bahnhofstraße rechts am Bahnhof vorbei nach Süden und folgen der Markierung mit dem roten Kreis durch Wiesenland über einen Pfad bzw. eine Schotterstraße in den Hasselfelder Stadtforst. Bis zum Forst steigt der Weg leicht an und bietet auf der rechten Seite einen schönen Ausblick über die Hochflächenlandschaft des Unterharzes und die kup-

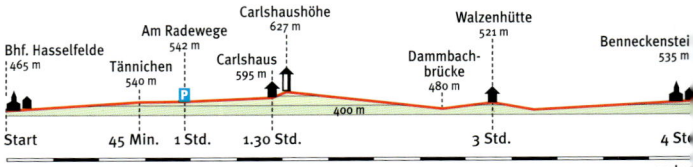

Ziel der Wanderung: Benneckenstein

penförmigen Erhebungen des Hochharzes im Westen.

Am **Rastplatz** mit der Hütte verlassen wir die Rodungsinsel von Hasselfelde und betreten den Stadtforst. Die gut zu begehende Forststraße steigt leicht nach Süden an. Erstes Etappenziel ist die Wasserscheide zwischen den nach Norden und Süden entwässernden Flüssen dieser Region, der Hassel und der Behre, in der Höhe von **Tännichen** (45 Min.). Hier befinden wir uns in einer typischen, fast ebenen, schwach gegliederten Hoch- oder Rumpfflächenlandschaft in 520 bis 540 m Höhe mit flach eingesenkten, leicht vermoorten Quellmulden und muldenartigen Tälern. In den oberen Partien des Tännichen prägt außerdem der Buchenwald das Landschaftsbild.

An der ersten großen Kreuzung biegen wir nach rechts auf eine Forststraße (gelber Balken) ab. Diese endet an der B 81 (Blankenburg–Nordhausen). Trotz der am **Parkplatz Am Radewege** (1 Std.) befindlichen Häuser besteht hier keine Einkehrmöglichkeit. Es ist bestenfalls eine Rast auf dem Parkplatz möglich. Wir setzen den Weg fort und gehen von der Forststraße 100 m nach links auf die B 81. 50 m vor dem ersten Gebäude biegen wir nach rechts ab und gehen auf dem **Fastweg** (24H gelber Kreis) wieder in den Wald hinein. Die Route führt weiter über die Wasserscheide zwischen Behre und Hassel. Etwa 200 m vor der nächsten zu beachtenden Kreuzung lichtet sich der Wald in Höhe eines Wildfutterplatzes mit einem hohen, mehr als 100 Jahre alten Buchenbestand auf. Fichtenparzellen unterbrechen das Bild des Laubwaldes. An der nächsten Kreuzung biegt unsere Route links ab. Das Gelände steigt allmählich an, und etwa 800 m weiter kann man in einer Rechtskurve plötzlich in das obere Behretal mit seinen Ausläufern schauen.

Am südöstlichen Horizont erhebt sich der 579 m hohe Große Auerberg mit dem Josephskreuz als markanteste Anhöhe.

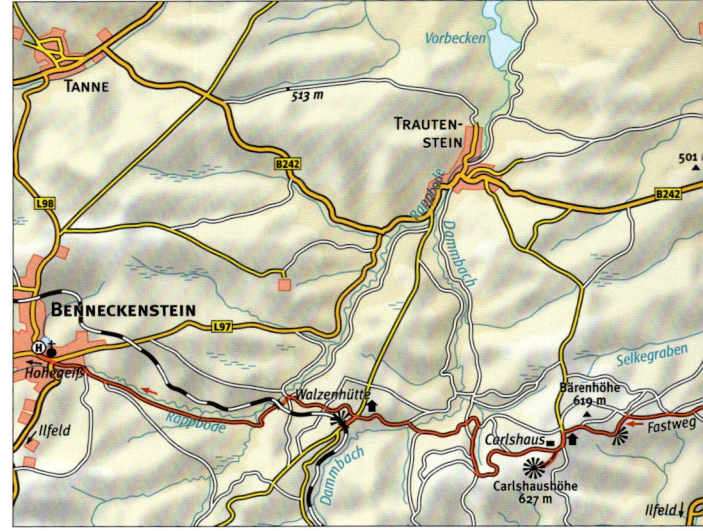

Unser Weg verläuft nun am Südhang der Bärenhöhe entlang und mündet in eine nach Trautenstein führende Straße. Ein kurzer Anstieg zur linken Seite, und das **Carlshaus** (1.30 Std.) ist erreicht. Bei guter Sicht sollte man sich die Zeit nehmen, einen Abstecher auf die Carlshaushöhe zu machen. Seit 1998 steht auf der Höhe ein Turm mit einer Aussichtsplattform in 30 m Höhe. Die Aussicht verschafft einen richtigen Eindruck vom Charakter des Harzes: vorwiegend Wald und einzelne besiedelte, waldfreie Inseln. Von hier oben können wir schon einen ersten Blick auf unser Ziel, Benneckenstein, werfen.

Die Fortsetzung des Weges führt am Carlshaus vorbei. Auf diesem Weg darf man die zum Dammbachtal führende Abzweigung (24J grüner Balken) nicht verpassen, sonst läuft man Gefahr, anstatt in Benneckenstein im Westen im Ilfelder Becken im Süden anzukommen. Wir bleiben nach dem Passieren des Carlshauses noch etwa 1 km auf der Forststraße. Dabei umrunden wir in einem weiten Linksbogen die Kuppe der Carlshaushöhe. Dieser Bogen endet in der Tiefenlinie eines Dammbach-Seitentales. Nun benutzen wir die neue in das Tal hineinführende Forststraße (grüner Balken). Nach etwa 1,3 km und einer langgezogenen Linkskurve begeben wir uns von der Forststraße auf einen rechts abzweigenden Waldweg. Auch auf der nächsten Verzweigung ist der rechte Weg zu benutzen. Der Waldweg führt bereits durch das feuchte Gelände des Dammbachtales. Weiter unterhalb ist das Dammbachtal zu einem der schönsten Täler im Harz entwickelt. Es strahlt die gleiche Ruhe aus wie das untere Selke- oder das Wippertal und stellt sich auch im oberen Teil bei weitem nicht so dramatisch dar wie die Engtäler am Nordrand des Harzes. Den Lauf des Dammbaches begleiten besonders schöne Exemplare der Schwarzerle

Tour 28

mit ihren spitz zulaufenden Kronen. Eine neue Brücke erleichtert die Querung des Talbodens. Ein Pfad verbindet den Übergang nach 50 m direkt mit einer Forststraße. Wir biegen dort nach links ab und stehen nach etwa 400 m Ausstieg aus dem Dammbachtal vor der **Walzenhütte,** einer Schutzhütte (3 Std.).

Hier sollte man die Gelegenheit zu einem kleinen Abstecher nutzen und wegen der Brockensicht nach links 200 m bis zur Bahnbrücke vorgehen. Vom Rastplatz führt eine Forststraße hinunter in das Rappbodetal, ein weiteres Sohlental. Vor dem Erreichen des Talbodens biegen wir nach links ab (gelbes Quadrat) und folgen dem Lauf der in der Aue mäandrierenden Rappbode bis nach Benneckenstein. Zunächst führt er unter der Bahnlinie der Harzquerbahn her. 500 m weiter verläuft der Weg über das Stauwehr des Krugbergwassers und dann am Südhang der Rappbode entlang. Schließlich queren wir das Flüsschen

in Höhe der ersten Häuser und steuern die etwa 300 m entfernte **Ortsmitte** von **Benneckenstein** (4 Std.) an.

Benneckenstein

Der zentral gelegene Ort in der Hochflächenlandschaft des Unterharzes hat 2800 Einwohner und ist bei einer Lage von 563 m die höchstgelegene Stadt in Sachsen-Anhalt. Benneckenstein befindet sich in unmittelbarer Nähe zu den Landesgrenzen nach Thüringen und Niedersachsen. Nach der Sage hat Benneckenstein seinen Namen von einer alten, schwer beladenen Frau erhalten, die sich erschöpft auf dem Boden niedergelassen hatte. Als ein junger Jäger sich aus Versehen auf sie setzte, soll sie ausgerufen haben: »Ben-ecken-stein?« Namentlich und urkundlich belegt wird Benneckenstein das erste Mal im Jahre 1319 in einem Lehnsbrief der Äbtissin von Gandersheim. Die Anfänge gehen aber sicherlich auf das 11./12. Jh. zurück. Zeitweise war es auch im Besitz des Klosters Michaelstein. Da der Ort Benneckenstein im Laufe der Geschichte von mehreren Bränden heimgesucht wurde, stammt das älteste Gebäude erst aus dem Jahre 1656. Es ist immerhin fast 200 Jahre älter als die 1852 erbaute St. Laurentiuskirche, die als einzige Kirche auf der Welt falsch herum stehen soll, d. h. nicht mit dem Altar der aufgehenden Sonne im Osten zugewandt sein soll. Natürlich trifft das genauso zu wie die Geschichte über die Namensgebung von Benreckenstein.

Nach dem Anschluss an die Harzquerbahn im Jahre 1887 entwickelte sich der Fremdenverkehr; dieser ist heute die wirtschaftliche Grundlage des charmanten Harzortes.

Ein See und ein alter Harzweg

Von Hasselfelde an den Rappbodestausee

Die Wanderung führt an den größten Stausee des Harzes. Sie soll bewusst machen, welche geschichtliche Bedeutung das Rappbodetal besaß und welche ökologischen Veränderungen durch die Anlage des Stausees in Natur und Umwelt eingetreten sind.

DIE WANDERUNG IN KÜRZE

+
Anspruch

3.30 Std.
Gehzeit

14 km
Länge

Charakter: Leichte Wanderung meist auf Forstwegen und -straßen, einzelne Pfade in Klippennähe sind unbequemer zu begehen.

Ausrüstung: Fernglas zur Vogelbeobachtung

Wanderkarte: Topographische Karte 1 : 50 000 mit Wanderwegen: »Wandern im Ostharz«

Einkehrmöglichkeit: Nach der Wanderung in der Hagenmühle

Anfahrt: Mit dem Kfz: Aus Umgebung Nordhausen und Magdeburg über die B 81, aus dem Westen von Braunlage über die B 242. **Mit dem Bus:** Mit der Linie 261 von Blankenburg bzw. Halberstadt, mit der Linie 265 von Allrode, Blankenburg, Elbingerode, Wernigerode, Stiege jeweils nach Hasselfelde, Busbahnhof. **Mit der Harzquerbahn:** Von Nordhausen 1.30 Std. Bei Anreise mit Bus oder Bahn verlängert sich die Strecke um 2,4 km für den Weg von und bis zur Haltestelle.

Wir folgen von der **Hagenmühle** der Markierung rotes Quadrat in Richtung Großes Mühltal und wandern zunächst durch eine Birkenallee. Vor uns breitet sich mit der Umgebung von Hasselfelde eines der größeren inselförmigen, waldfreien Gebiete im Unterharz aus. So befindet sich südlich des Weges eine flach gewellte Wiesen- und Weidelandschaft mit einzelnen Talanfängen, die zur Rappbodetalsperre entwässern.

Als Krautpflanzen wachsen und blühen am Wegrand vor allem das

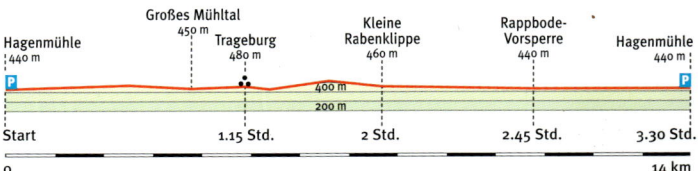

Hagenmühle 440 m		Großes Mühltal 450 m	Trageburg 480 m		Kleine Rabenklippe 460 m		Rappbode-Vorsperre 440 m		Hagenmühle 440 m

Start   1.15 Std.   2 Std.   2.45 Std.   3.30 Std.

0   14 km

Echte Johanniskraut, der Gewöhnliche Hornklee, die Tauben-Skabiose, das Echte Labkraut, das Gewöhnliche Leinkraut, die Zypressen-Wolfsmilch und die Wiesen-Schafgarbe, also alles Pflanzen, die einen trockenen und sonnigen Standort am Wegesrand lieben. An besonders ausgesetzten Stellen tritt als Pflanze des Mager- und Trockenrasens sogar der Gewöhnliche Thymian auf. Von den Glockenblumen leuchtet die Rundblättrige Glockenblume oder die Wiesen-Glockenblume mit ihren zerbrechlich erscheinenden Blüten und feinen Trieben aus dem Gras heraus.

Bereits nach etwa 1,5 km führt der Weg in den offenen Wald; freie, mit Wiesen oder Jungbäumen bestandene Flächen geben immer wieder den Blick frei. Wir passieren den Beginn des nach rechts entwässernden Sautals und begeben uns an der ersten Kreuzung im Wald nach rechts hinab (Richtung Trageburg, Wilder Rabenstein, Rappbode-Vorsperre) in das **Große Mühltal,** das von der Größe her aber seinem Na-

men nicht gerecht wird. An der nächsten Kreuzung halten wir uns links. Mit Annäherung an den Stausee wird der Talweg abschüssiger. Der Bewuchs kündet von dem feuchteren Charakter des Untergrundes. Auf den Blüten der Sumpf-Kratzdistel, finden sich häufig Schmetterlinge, vor allem die bunten Pfauenaugen, ein.

Unmittelbar vor dem Rappbode-Vorbecken biegt der Weg nach rechts ab und führt nach etwa 300 m auf der linken Seite auf einem schmalen Pfad direkt in den Wald hinein. Er verläuft 30-50 m oberhalb des Wasserspiegels. Hin und wieder wird der Blick auf den See frei, u. a. an der **Trageburg** (1.15 Std.), von der keine Gemäuer mehr zu erkennen sind.

Die nahezu vollständig verschwundene Trageburg besaß als Schutzburg für einen mittelalterlichen Weg durch das Harzinnere eine besondere Bedeutung. Der Weg war eine wichtige Nord-Südverbindung und soll als »Trockweg« bereits im 10. Jh. existiert haben. Urkundliche Erwähnung findet er als Königsstieg in der zweiten Hälfte des 13. Jh., denn er wurde offensichtlich benutzt, wenn die Könige ihre Jagdhöfe Bodfelde oder Hasselfelde aufsuchten. Für die durchziehenden Gespanne hielten sich Anwohner der Furt zur Flussdurchquerung bereit, um Vorspanndienste zu leisten. So befanden sich an der Furt durch die Rappbode kleine Höfe mit Pferden. Von der noch in einer Urkunde von 1654 als Draburg bezeichneten Burg ist nichts mehr erhalten. Auch die alte Straße und die Furt sind verschwunden und heute durch den Stausee überflutet.

Nördlich der Trageburg endet der Waldpfad (Harzer Hexen-Stieg) und wird von dem festen Untergrund eines kiesigen Forstweges abgelöst. Rechts abbiegend gelangen wir auf diesem Weg in ein kleines Seitental und steigen dort zu einer **Schutzhütte** an einem kleinen Sporn auf. Im Juni ist der Hang von purpurnen Blütenständen des Fingerhuts übersät. Hier steigen wir, links an der Schutz-

hütte vorbeigehend, den Forstweg hinab, bis linker Hand an einem Baum der Hinweis Wilder Rabenstein, Kleine Rabenklippe auftaucht. Über diesen Weg gelangen wir zur flachen Anhöhe der **Rabensteine.**

Der Zugang mündet in einen Pfad ein. Erst unmittelbar vor der Klippe öffnet sich der Wald. Der Untergrund wird steiler und felsiger. Ohne Schwierigkeiten erreichen wir schließlich die steil zum See abfallende **Kleine Rabenklippe** (2 Std.). Von hier aus schaut man direkt auf den Brocken und die Hohneklippen im Westen.

Nach dem Besuch der Klippe gehen wir etwa 200 m den selben Pfad zurück und wenden uns nach links, um zu der letzten Klippe, dem Wilden Rabenstein, zu gelangen. Hierbei handelt es sich um einen schwer auszumachenden Stichweg, der an einem Waldstück mit überwiegend Grasbüscheln, dazwischen einzelne Jungbäume, beginnt und entlang eines Wildschutzzaunes verläuft. Er endet an einem Wegknotenpunkt,

Pfauenauge im Großen Mühltal

an dem sich der gekennzeichnete Zugang zur **Wilden/Großen Raben-klippe** (300 m) befindet.

Nach dem Heraustreten aus dem Wald deutet sich mit dem sichtbar werdenden zerklüfteten Gestein an, dass die Klippe das Attribut ›wild‹ verdient hat. Senkrecht fällt der Fels zum See hinab. Trotzdem vermittelt die umgebende Landschaft das Gefühl der Ruhe und Beschaulichkeit.

Der Rückweg von der Klippe ist zugleich auch der Beginn des Rückweges zur Hagenmühle. Wir bewegen uns nun am Westufer des Sees entlang. Nach etwa 1 km zweigt ein ausgeschilderter Weg, der später zum Pfad wird, nach links ab und erreicht nach 600 m ein Seitental. Wir queren dieses Tal, steigen über einen Forstweg zur gegenüberliegenden Seite an, folgen dem rechts abbiegenden Pfad durch den Wald und biegen auf der Höhe nach links ab, um über einen befestigten Weg zur 400 m entfernten Staumauer (gelber Balken) hinabzusteigen. Ein kleiner Umweg um die **Hassel-Vor-sperre** (2.45 Std.) führt uns in eine Seelandschaft mit einer bemerkenswerten Vogelwelt. Über die Staumauer der Vorsperre gelangen wir zum gegenüberliegenden Ufer. Nachdem wir einen kleinen Anstieg mit aufgeschlossener Grauwacke überwunden haben, erreichen wir in einem weiten Bogen das östliche Ufer und verlassen dieses erst wieder, wenn wir das Ziel unserer Wanderung, die Hagenmühle, erreicht haben. Am Weg klären Schaubilder den interessierten Wanderer über die ansässige Flora, Fauna und den Gesteinsuntergrund auf.

Am Ostufer führt der Lehrpfad auf den Hütteberg. Neben den mit viel Fachwissen und Liebe angebrachten Hinweisen gewährt er einen schö-nen Überblick über die Seenlandschaft.

Wenn man sich still verhält, kann man dem Reiher beim Fischen zuschauen oder beobachten, wie gerade Haubentaucher ihre Jungen füttern. Der Haubentaucher ist zwar auf der Welt weit verbreitet, jedoch auf unseren Seen nicht so häufig zu beobachten. Nach 1940 nahmen die Bestände zu, was mit der Anlage von Stauseen begründet werden kann. Dieser dekorative Vogel hält sich im Bereich der Seen auf, solange sie nicht zufrieren und wandert bei strengem Frost an die Küsten und in den Mittelmeerraum ab. Ab und an taucht die Gabelweihe oder der Rote Milan auf. Dann suchen Enten und Blesshühner mit ihren Jungen die mit hohem Gras bestandenen Uferteile auf. Der Rote Milan hält sich gern in der Nähe größerer Gewässer auf. Seltener zu beobachten ist unter den Greifvögeln der Wanderfalke. Er war ursprünglich in ganz Europa verbreitet und betrachtete im Harz gerade das Bodetal als seinen Lebensraum. Nach dem Aussterben im Bodetal im Jahre 1973 konnte er Anfang 1980 wieder eingebürgert werden. 1982 brütete er zum ersten Mal wieder erfolgreich in diesem Raum.

Zum Abschluss nähern wir uns allmählich dem Versumpfungsbereich der aufgestauten Hassel. Die ursprüngliche Talform hat in diesem Abschnitt einen asymmetrischen Querschnitt mit einem steileren Nordosthang. Mit ihrer flachen und von hohen Gräsern gesäumten Uferzone im auslaufenden Stauraum ist die Vorsperre ein idealer Brutplatz der hier am und auf dem Wasser lebenden Vögel.

Die Wanderung kann mit einer Einkehr in die **Hagenmühle** (3.30 Std.) abgeschlossen werden.

Tour 30

Wo Wandern zum Wandeln wird

Von Stiege über Allrode und Güntersberge nach Stiege

Die Route verläuft vorwiegend über die Hochflächen des westlichen Unterharzes. Bewaldete Höhen gehen in Wiesen mit Einzelbäumen über, in deren flachmuldigen Taleinschnitten kleine Bäche plätschern. Der Wanderer lässt die Seele baumeln.

DIE WANDERUNG IN KÜRZE

++
Anspruch

5.30 Std.
Gehzeit

22 km
Länge

Charakter: Lange, aber leichte Tour mit geringen Höhendifferenzen, geringe Schwierigkeiten im Auffinden des Weges südlich von Allrode. In Niederungen evtl. feucht und glatt.

Wanderkarte: Topographische Karte 1 : 50000 mit Wanderwegen: »Wandern im Ostharz«

Einkehrmöglichkeiten: in Allrode, Güntersberge oder Stiege

Anfahrt: Mit dem Kfz: Über die B 242 aus dem

östlichen und westlichen Harz. Parkmöglichkeit besteht am Gondelteich in Stiege. **Mit dem Bus:** Mit der Linie 265 von Wernigerode, Elbingerode, Hasselfelde; mit der Linie 263 von Blankenburg, Allrode bis Stiege, Jugendherberge, 35 Min. **Mit der Harzquerbahn:** Der Bahnhof befindet sich am Südrand des Ortes, etwa 800 m vom Gondelteich entfernt. Fahrtzeit von Nordhausen 1.10 Std.

Die Wanderung beginnt am schönsten Platz von **Stiege.** Hinter dem idyllisch gelegenen **Gondelteich** erhebt sich aus der bewaldeten Anhöhe des Schenckenberges die Burg (1203 erstmals erwähnt) und seitlich etwas abgesetzt schaut der hölzerne Turm der zu Beginn des 18. Jh. erbauten Kirche hervor. Wir verlassen den Gondelteich, queren die B 242 und benutzen den Treppenweg zur Kreuzwegbaude. Als Wegzeichen gilt

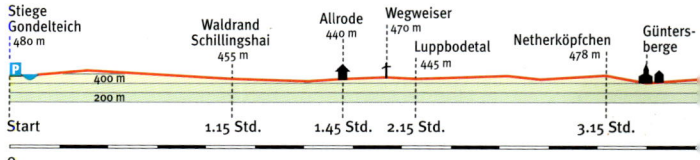

Stiege Gondelteich 480 m · Start · Waldrand Schillingshai 455 m · 1.15 Std. · Allrode 440 m · 1.45 Std. · Wegweiser 470 m · Luppbodetal 445 m · 2.15 Std. · Netherköpfchen 478 m · 3.15 Std. · Güntersberge · 400 m · 200 m · o

bis nach Allrode das rote Quadrat (47J). Hinter dem kleinen Ausflugslokal nimmt uns ein hoher Buchenwald des **Staatsforstes Stiege** auf. Es geht über eine Forststraße, die schon nach 400 m in einer weiten Linkskurve nach rechts wieder verlassen werden muss, wie es der Wegweiser an einem Baum anzeigt.

Auf einem schmalen Pfad steigen wir allmählich durch Schonungen auf den Höhenrücken zwischen Hassel und Luppbode. Dieser Weg durch den Jungwald endet an einer Forststraße, die zu queren ist. Etwa 200 m hinter der Kreuzung endet der Anstieg. Auf dem Weg in das Tal des Steinhornsbaches werden einzelne hangparallele Forstwege gequert. Wir gehen durch unterholzfreien Buchenwald, auf dessen Boden sich im Frühjahr ein weißer Blütenteppich aus Buschwindröschen ausbreitet. Die Strecke verläuft nun den Hang hinunter auf einen Rastplatz mit Hütte zu. Davor ist noch eine Brücke zu überschreiten. Nachdem wir hinter der Brücke nach rechts abgebogen sind, umgibt uns auch weiterhin noch Buchenwald, allerdings lichtet sich das Kronendach. Zwischen Steinhorn und Schillingshai befinden wir uns in einer offenen Waldlandschaft, die offensichtlich auch vom Rotwild geschätzt wird. Hier wird man mit einiger Sicherheit sogar kapitale Hirsche sehen können. Nach etwa einer Stunde verlassen wir wieder das Waldgebiet des **Schillingshais** (1.15 Std.).

Vor uns breitet sich nun ein parkähnliche Wiesenlandschaft aus. Wir stehen auf einer Hochfläche, aus der einzelne Bäume oder Baumgruppen aufragen. Quer über die Wiesen verläuft unser Weg und mündet auf einem Sporn über dem Tal des Steinhornsbaches ein. Fast als Hohlweg, begleitet von Birken, strebt er dem Luppbodetal zu. Seine bucklige Oberfläche mahnt zu vorsichtigem Gehen. Nach der Querung des Luppbode-Talbodens über einen Holzsteg beginnt der Anstieg zum ersten Zielort der Wanderung, Allrode. Zuvor kann man noch einen Blick in das schöne Tal werfen, wo einzelne Weiden aus der Talsohle herausragen. Pfadartig schlängelt sich der Weg zur Straße und zum Zentrum von **Allrode** (1.45 Std.) hinauf, das wir bei einer Eiche auf einer Verkehrsinsel erreichen.

Allrode existiert bereits mehr als 1000 Jahre und ist aus morphologischer Sicht ein für den Harz günstiger Siedlungsstandort. Diese ursprüngliche Rodungsinsel wurde 961 erstmals erwähnt.

Wir verlassen den Ort auf der Langen Straße nach Süden in Richtung Güntersberge. Nach etwa 400 m biegen wir vor einer Telefonzelle nach rechts in die **Blankenstraße** in Höhe der Informationsstelle ab und begeben uns, am Friedhof vorbei, zum Krugberg. Den Ort im Rücken stehen wir auf der Höhe oberhalb des Luppbodetals und lassen die Harmonie und Ruhe der Landschaft mit den Wäldern auf dem rückenartigen Langenberg zwischen Güntersberge und Stiege und den ausgedehnten Wiesen auf uns einwirken.

Hier im Zentrum des Unterharzes bereitet der Abstieg von den Höhen

Kanonenplatz
510 m

Selkenfelde
500 m

Stiege
Gondelteich
480 m

400 m
200 m

4.30 Std.   5 Std.   5.30 Std.

22 km

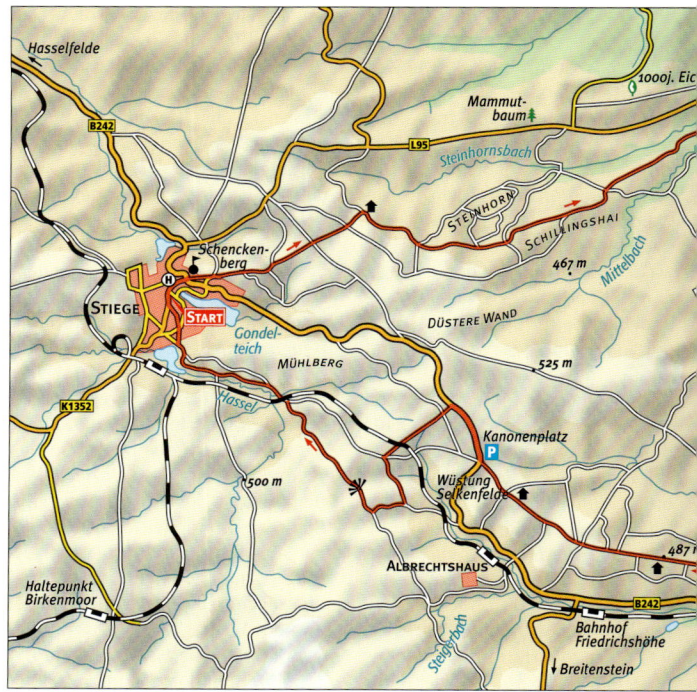

in die Flachmuldentäler hinunter keine Schwierigkeiten. Wir folgen dem gelben Kreis hinab in das obere **Luppbodetal** (2.15 Std.). Dort geht es nach rechts weiter über eine Schotterstraße in das Tal hinein und an einer Felsnase mit einem alten Grauwacke-Steinbruch vorbei. Unmittelbar hinter einem kleinen Staubecken müssen wir auf einen Pfad durch die Aue eines Seitenbachs der Luppbode nach links abbiegen. Der Bach wird über einen Holzsteg gequert. Vor einem Jungfichtenwald ragt eine sehr schöne Einzelbirke mit einem Wegweiser auf. Auf den Feuchtwiesen blühen im Frühjahr in leuchtendem Gelb große Büschel der Sumpfdotterblume und nur wenig später erscheinen die kugelför-

migen gelben Blüten der Trollblume. Nun betreten wir rechts abbiegend den ›Brandweinweg‹, der uns durch Fichtenwald ein paar hundert Meter weiter in das Tal hineinführt. An der folgenden Gabelung bleiben wir auf der linken Seite. Dabei werden zwei kleine Täler mit weiteren Feuchtwiesen gequert (kein Wegweiser). Im letzteren führt der Weg an einem Hochsitz vorbei. Danach tritt der Wald zurück. Wir sind wieder auf der Hochfläche und stehen auf der Wasserscheide zwischen den beiden bekannten Harzflüssen Luppbode und Selke. Auf dem folgenden Wegstück passieren wir stellenweise feuchten Untergrund am Waldrand, bis etwa 200 m vor einer Kieferngruppe der rote Balken als Wegmar-

kierung anzeigt, dass wir nach rechts in das waldige und moorige Gelände des Langenberges einbiegen müssen.

Nach etwa 400 m kreuzt dieser Forstweg auf der Höhe eine Forststraße. Durch eine Eschenallee gelangen wir zu einem kurzen **Abstecher** auf den nächsten Höhenrücken, das **Netherköpfchen** (3.15 Std.). Wir steigen zu den Gebäuden des Umsetzers nach rechts hinauf und sehen den östlichen Harz vor uns. Auf der linken Seite erhebt sich die flache Kuppe des Ramberges. Vor uns breitet sich das Quellgebiet der Selke aus. Rechts steigt am Horizont das Gelände zum Auerberg an.

Nach dem Abstecher biegen wir über die Schulter dieser fast kuppenförmigen Anhöhe nach rechts ab, um hinunter nach **Güntersberge** zu gelangen. Der Weg endet fast im Zentrum des Ortes auf der Hauptstraße. 300 m weiter biegen wir nach rechts auf die Marktstraße ab.

Die weit verzweigte Rodungsinsel Güntersberge ist jünger als Allrode und heute mit 1200 Einwohnern die kleinste Stadt von Sachsen-Anhalt. Güntersberge wurde 1281 erstmalig erwähnt und erhielt 1491 die Stadtrechte. Seit dem 14. Jh. wurde Bergbau auf Flussspat betrieben. Ein alter Handelsweg, die Hohe Straße, spielte vom 10 Jh. an als Verkehrsader eine wichtige Rolle, denn an ihr lagen Orte wie Bodfeld, Hasselfelde, Selkenfelde (heute Wüstung) und Siptenfelde. 1319 fand sie Erwähnung im Gandersheimer Lehrsbrief mit folgenden Worten: »*.. von der Hochstrate bovem der Guntersberche*«. Sie verläuft von Güntersberge über die Alte Schanze, einen alten Kontrollpunkt, nach Stiege.

Güntersberge wird fast parallel zur B 242, aber eben über die Höhen verlassen. Wir verfolgen dabei die Streckenführung der Hohen Straße auf dem letzten Abschnitt unserer Wanderung nach Stiege. Die **Hohe Straße** (3.30 Std.) beginnt in Höhe der Telefonzelle am westlichen Ortsausgang (grünes Quadrat) und steigt nach einer Linkswendung an den letzten Häusern zum Staatsforst über einen alleeartig bepflanzten Güterweg an. Auf der Wanderung durch die Wiesen ist der Blick frei auf die Randhöhen dieser Hochflächenlandschaft. Herausragender Berg ist die Kuppe des Ramberges im Nordosten. Nach knapp 2 km sind wir am Waldrand angelangt und setzen den Weg über eine Forststraße fort, die an der B 242 am **Parkplatz Kanonenplatz** (4.30 Std.) endet. Die Waldstrecke ist

139

Stiege: Schloss und Gondelteich

etwa 2 km lang und bietet mit zwei Schutzhütten Möglichkeiten zur Rast.

Unterhalb des Parkplatzes befindet sich im Waldgelände auf der anderen Straßenseite über der Selke die mittelalterliche Wüstung Selkenfelde. Wir gehen nun 600 m auf der B 242 nach rechts hinauf in Richtung Stiege (keine Markierung). Dort endet ein Fahrweg auf der linken Seite an der Straße. In Windungen führt die Strecke zunächst durch freies Gelände. Im Bereich der Bahnquerung und des dort befindlichen Birkenwäldchens befinden wir uns im Quellgebiet der Selke.

Hier oben hat man einen sehr schönen Blick auf den Hochharz im Nordwesten. Sämtliche hohen Berge, vom Wurmberg über den Brocken bis zu den Hohneklippen, sind zu sehen. Auf der rechten Seite blüht hinter dem Bahngelände während des Frühsommers in einem eingezäunten Terrain eine botanische Rarität in deutschen Mittelgebirgen, der geschützte Bergwohlverleih *(Arnica montana)*.

An der folgenden Weggabelung halten wir uns links und passieren den Standort Selkenkirche. Auf einer leichten Anhöhe treffen wir hinter einem Hochsitz auf einen Wegweiser nach Stiege. Wir ändern die Richtung nach rechts und bewegen uns durch ein in den frühen Sommermonaten verwachsenes, manchmal weglos erscheinendes Wiesengelände westlich von **Selkenfelde** (5 Std.). Freudig wird der Hinweis des nächsten Wegweisers aufgenommen, dass man sich auf dem richtigen Weg befindet und dass die Aussicht besteht, sich Stiege auf festen Wegen zu nähern. Der Weg kreuzt die Trasse der Harzer Schmalspurbahn. Parallel zur Hassel und zum Südhang des Mühlenberges mit anstehender Grauwacke kommen wir Stiege näher. Die Hassel mündet in den Oberteich. An seinem Ende geht der Weg in die Oberteichstraße über, von der die erste Seitenstraße rechts am **Gondelteich** endet. Man kann aber auch den Uferweg bis zum Ziel in **Stiege** (5.30 Std.) benutzen.

Historische Wege im Süden

Von Neustadt und Burg Hohnstein nach Stolberg

Die Wanderung am Harzsüdrand streift mit dem Besuch einer der bedeutendsten Burganlagen und einer der bekanntesten Städte nicht nur die Geschichte des besiedelten Harzes, sondern erfasst auch die landschaftlichen Schönheiten dieser Region.

DIE WANDERUNG IN KÜRZE

+++
Anspruch

6.30 Std.
Gehzeit

27 km
Länge

Charakter: Tal- und Höhenwanderung auf Waldwegen bis zu ausgebauten Straßen. Kurzer steiler Abstieg auf der steinigen Alten Poststraße, bei feuchten Verhältnissen Rutschgefahr.

Ausrüstung: Bei warmem Wetter ist wegen der Länge der Strecke die Mitnahme von Getränken zu empfehlen.

Wanderkarte: Auto- und Wanderkarte »Der ganze Harz«

Einkehrmöglichkeiten: Burg Hohnstein, Stolberg, Sägemühle

Anfahrt: Mit dem Kfz: Über Ilfeld und B 4 aus Richtung Erfurt, Nordhausen bzw. Braunlage, Braunschweig. **Mit dem Bus:** Aus Richtung Nordhausen.

Die Wanderung beginnt im Zentrum einer bezaubernden Kleinstadt am Südrand des Harzes, auf dem **Kirchvorplatz** von **Neustadt.** Dieser gerade 1200 Einwohner beherbergende Ort wird häufig als ›Perle des Südharzes‹ bezeichnet.

Neustadt liegt am Fuße der 1120 erbauten Burg Hohnstein und wurde 1372 erstmals urkundlich als *Novenstadt* erwähnt. Es erhielt nach dem Bau des Rathauses im Jahre 1485 das Marktrecht und die Gerichtsbarkeit. Durch eine Feuersbrunst brannte im Jahre 1678 die Stadt bis auf drei Häuser nieder. Sehenswert sind das Alte Stadttor (1412), das Alte Pfarrhaus (1679), die St. Georgskirche (1685) und die Rolandsfigur (1730).

Wir gehen über die Burgstraße nach Norden zunächst auf den **Gondelteich** (Wegzeichen roter Balken) zu. Vor dem Gondelteich biegen wir rechts ab und gehen rechts an der Klippe und linker Hand am Teich vorbei in den Laubmischwald. Hier treffen wir auf einen befestigten Fahrweg, der sich direkt im Wald teilt. An dieser Abzweigung halten wir uns rechts auf dem Hauptweg in Richtung Mammutbaum, Ruine Hohnstein, Hainfeld (roter Balken). Ein erster Halt kann an den Vogteiruinen gemacht werden, die sich in ca. 30 m Entfernung an einem vom Hauptweg nach links abbiegenden Pfad befinden. Dort steht als Naturdenkmal ein etwa 130 Jahre alter **Mammutbaum.** Die Ruine in seiner Nachbarschaft war einst das Amtshaus und die Kanzlei der Grafschaft Hohnstein. Wir setzen den Weg durch den engen Taleinschnitt fort. Weiter oben ragen rötliche Klippen aus dem Untergrund. Das Gestein stammt aus einer geologischen Epoche, die wegen der Rotfärbung ihrer Gesteine als das ›Rotliegende‹ bezeichnet wird. Während dieser Zeit – vor rund 270 Millionen Jahren – prägten am Südrand des Harzes neben mächtigen Flussablagerungen Vulkane, u. a. der Vulkan des Großen Auerberges, das Landschaftsbild.

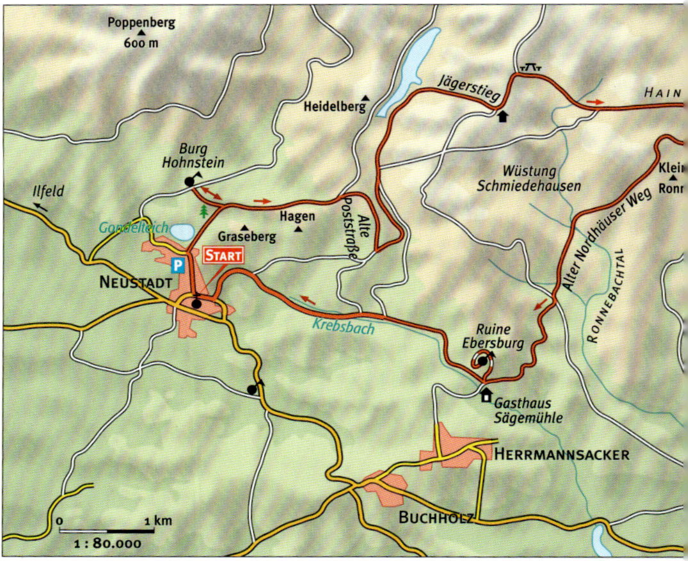

Vom Hauptweg biegt links in Höhe der ersten Klippen ein bequemer, auf die Burgstraße führender Pfad ab. Wir nutzen diese Abkürzung und steigen über die Straße weiter an. Hinter der nächsten Linkskurve taucht in einem Sattel weiter oberhalb der Zugang zur Burg auf. Von einem terrassenartigen Platz auf der **Burg Hohnstein** (30 Min.) kann man weit nach Süden auf die Schichtstufenlandschaft des Thüringer Beckens und auf den Kyffhäuser im Südosten schauen.

Burg Hohnstein wurde erstmals im Jahre 1130 urkundlich erwähnt. Während der Bauernunruhen blieb sie weitgehend verschont. Im Dreißigjährigen Krieg brannte Burg

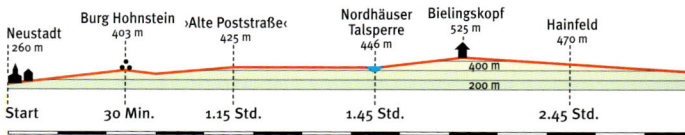

Neustadt 260 m	Burg Hohnstein 403 m	›Alte Poststraße‹ 425 m	Nordhäuser Talsperre 446 m	Bielingskopf 525 m	Hainfeld 470 m
Start	30 Min.	1.15 Std.	1.45 Std.		2.45 Std.

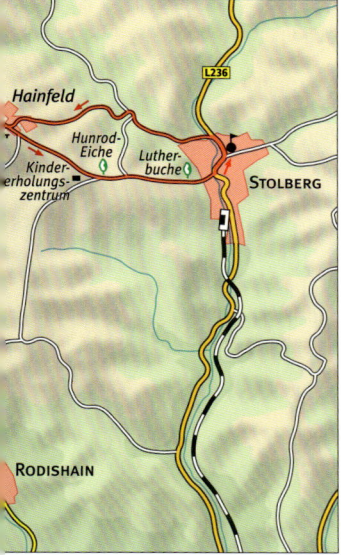

nen Lichtung. Unser über die Lichtung führende Weg endet an der **Alten Poststraße** (1.15 Std.). Dieser historische Weg über den Harz wurde bis zum Jahre 1820 zwischen Braunschweig und Nordhausen benutzt. Wir biegen nach rechts ab auf die unebene Alte Poststraße und verlassen sie nach etwa 500 m wieder nach links. Der Weg mündet in das enge, V-förmige Krebsbachtal. An einem Feldahorn mit Wegweiser führt die Route auf die östliche Talseite und auf eine schmale, sanft ansteigende Asphaltstraße. Etwa nach einem Kilometer taucht auf der linken Seite die Mauer der **Talsperre Neustadt** (1.45 Std.) auf. Die Trinkwassersperre wurde 1904/05 angelegt. Wir bleiben in der Nähe des Wassers und gehen etwa 10 Min. am Ostufer des Stausees entlang, bis wir das Krebsbachtal über den **Jägerstieg** verlassen.

Der Anstieg führt auf die Hochfläche. In einer Höhe von 513 m NN treffen wir auf die **Breitensteiner Chaussee,** auf der wir unseren Weg nach links fortsetzen. Nach rechts beginnt auf der gleichen Straße ein Naturlehrpfad, auf dem die wichtigsten Bäume des Waldes vorgestellt werden. An dieser Stelle verläuft parallel zur Chaussee die Landesgrenze zwischen Thüringen und Sachsen-Anhalt. Die Grenze ist zugleich Wasserscheide. Wir verlassen bereits nach 400 m die Straße nach rechts in das Einzugsgebiet des Ronnebachs und betreten damit

Hohnstein vollständig nieder (Weihnachten 1627). Vor 130 Jahren gab es erste Ansätze, sie wieder zu restaurieren.

Nach einer kurzen Besichtigung und einer eventuellen Einkehr im Ausflugslokal des ehemaligen Jagdschlosses der Grafen von Stolberg verlassen wir die Burg über den Anstiegsweg und gehen durch einen nahezu unterholzfreien Buchenwald über den Sattel hinaus (Markierung bis Hainfeld roter Balken) weiter zu einer Wiese, die wir an ihrem unteren Rand passieren. An den Kuppen des Grasebergs und Hagens vorbei gelangen wir zu einer tiefer gelegenen Lichtung.

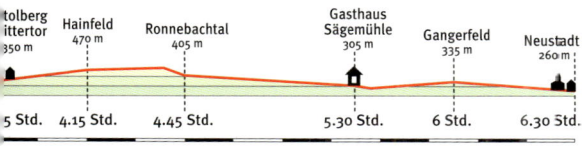

27 km

143

den Boden Sachsen-Anhalts. Uns umgibt eine flachwellige, parkähnliche Hochebenenlandschaft mit einem aufgelockerten Baumbewuchs im Flachmuldental unterhalb des gerade überschrittenen Bielingskopfes. Am Wegrand gedeihen als Pflanzen, die einen trockeneren Standort lieben, die Skabiosen-Flockenblume, der Gewöhnliche Hornklee und das Echte Johanniskraut. Der Reiz der bisher durchwanderten Landschaft liegt in ihrer Einsamkeit und wohltuenden Stille.

Auf dem östlich des Ronnebachs in einer Höhe um 500 m NN durch Wald führenden Weg begegnen wir einem besonders schönen Exemplar einer Lärche. Ca. 500 m vor der Streusiedlung Hainfeld öffnet sich der Wald und geht in Weideland über. Nach wenigen Minuten erreichen wir die ersten Häuser von **Hainfeld** (2.45 Std.).

Hier beginnt der Abstieg nach Stolberg; wir folgen der auf dem Wegweiser ausgewiesenen Markierung blauer Kreis. Die Route führt nun über eine Asphaltstraße am ehemaligen Kinder-Erholungszentrum und der tausendjährigen **Hunrod-Eiche** vorbei an die Oberrand des Thyratales. Im Scheitelpunkt der Kurve, am Kreuzweg, zweigt nach links der Weg nach Stolberg über die Lutherbuche ab. Es ist zunächst ein etwas unbequemer Kiesweg im Buchenwald mit zunehmendem Gefälle. In der Höhe der **Luther-Buche** wird urplötzlich der Blick auf Stolberg frei. Dies ist eine der schönsten Aussichten auf die malerische Kleinstadt mit dem auf einem Bergsporn thronenden Schloss. Eine Inschrift an der Buche erinnert an den Besuch Martin Luthers:

»Als Anno 1525 freitags nach Ostern Dr. Martin Luther Stolberg

besuchte und mit seinem Freunde Melanchthon auf diesen Berg spazierte, verglich er die Stadt Stolberg gar füglich mit einem Vogel. Das Schloss, meinte er, wäre der Kopf, der Markt der Rumpf, die beiden Gassen die Flügel, die Niedergasse der Schwanz.«

Die Vorstellungen Luthers sind durchaus nachvollziehbar. Wir steigen über einen Pfad zur Stadt hinab und stehen nach etwa 10 Minuten in **Stolberg** auf dem **Marktplatz.** Für eine Besichtigung dieses sicher zu den schönsten Harzorten zählenden Städtchens sollte man sich mindestens eine Stunde Zeit nehmen.

Der Rückweg nach Neustadt führt uns wieder über Hainfeld. Dazu verlassen wir Stolberg über die Rittergasse, durch das **Rittertor** (3.45 Std.) und über die **Hainfeldstraße** (roter Balken). Der etwa 2 km lange Anstieg aus dem Ludetal beginnt etwa 500 m oberhalb des Rittertors und endet an den ersten Häusern von **Hainfeld** (4.15 Std.). Vom Picknickplatz aus benutzen wir den **Alten Nordhäuser Weg** (blauer Kreis) über die Hochflächenlandschaft in der Umgebung des Kleinen Ronneberges. Südlich der Wüstung Schmiedehausen bricht das ebene Gelände über einen steilen und steinigen Waldweg zu einem Seitentälchen des **Ronnebachtales** (4.45 Std.) ab.

Schmiedehausen hat nach Urkunden aus dem Jahre 1371 als nahezu selbständiger Ort auf der Höhe mit eigener Kirche existiert. Es wurde 1412 von den Fleglern verwüstet und ist damit von der Landkarte verschwunden.

In der Talaue überschreiten wir mit dem Ronnebach zugleich wieder die Grenze nach Thüringen und treffen nach etwa 1 km auf die **Breitensteiner Chaussee,** die auch als Her-

144

mannsacker Chaussee ausgewiesen ist. Auf dieser alten Straße gelangen wir schließlich an den Harzrand und zum Gasthaus **Sägemühle** (5.30 Std.).

Hier ist ein Abstecher zur Ruine der Ebersburg möglich. Sie wurde um 1200 vom Landgrafen Hermann von Thüringen erbaut und später von den Stolberger Grafen übernommen. Seit einer Pest-Epidemie im 16. Jh. steht die Burg leer.

Nun bewegen wir uns im Harzvorland und folgen unterhalb der Sägemühle dem grünen Quadrat als Wegzeichen. Zunächst verlassen wir nach etwa 250 m die Straße nach rechts, gehen in das Krebsbachtal. Etwa 300 m weiter oberhalb queren wir nach links den Bach und gehen durch die deutlich ausgebildete Talsohle aufwärts bis wir nach etwa 1 km das Tal verlassen und auf die Asphaltstraße auf der linken Seite zugehen. Kurz darauf passieren wir die Bungalow-Siedlung **Gangerfeld** (6 Std.). Nach 2 km endet diese Straße als Harzstraße am Haus Lebenswende. Wir wenden uns nach rechts und sind nach 250 m am Ziel, dem **Kirchvorplatz** von Neustadt, wo wir etliche Stunden vorher aufgebrochen sind (6.30 Std.).

Stolberg

Die Anfänge des Ortes Stolberg liegen ebenso wie der Ursprung des Namens im Dunkel der Geschichte verborgen. Um 1000 n.C. soll Stolberg schon als Bergmannssiedlung bestanden haben. Bergbau und Hüttenwesen brachten dem sich im späteren Mittelalter zu einer Stadt entwickelnden Ort (Erlangung der Stadtrechte um 1300) durch die Förderung von Silbererzen vom 12. bis

Stolberg: ehemaliges Konsisterium

zum 14. Jh. Wohlstand. 1201 ließ sich das Stolberger Grafengeschlecht oberhalb der Flüsse Große Wilde und Lude in einer Burg nieder, die zwischen 1539 und 1547 zu einem Schloß ausgebaut wurde. Seine heutige Gestalt erhielt das Schloss gegen Ende des 17. Jh. Einer der bekanntesten Söhne Stolbergs ist der Gegenspieler Martin Luthers, Thomas Müntzer. Er wurde hier 1489 geboren und lebte bis zu seinem 11. Lebensjahr in der Stadt. Berühmtheit erlangte auch der Hofmedicus Johannes Thal. Er stellte mit der *Sylva Hercynia* zwischen 1572 und 1580 das erste Verzeichnis der wild wachsenden Pflanzen des Harzes fertig. Nach dem Erliegen des Silberbergbaus im frühen 18. Jh. stellte sich die Stadt schnell auf Weberei um. 1711 existierten in Stolberg schon mehrere Damastwebereien. Gegen Ende des 19. Jh. kam die Weberei zum Erliegen. Der Bergbau wurde im Jahr 1874 endgültig eingestellt. Heute beherbergt Stolberg 1750 Einwohner und ist einer der schönsten Orte des Harzes.

Rund um Dankerode

Rundgang von der Hochebene in das Tal der oberen Wipper und zurück

Im Gegensatz zu den spektakulären, fast schluchtartigen Tälern des Ober- und Mittelharzes wirkt die Szenerie des Wippertales beruhigend auf den Besucher. Die Landschaft um Dankerode bietet sich geradezu für einen geruhsamen Ausflug an.

DIE WANDERUNG IN KÜRZE

+
Anspruch

3 Std.
Gehzeit

12 km
Länge

Charakter: Leichte Tal- und Höhenwanderung auf teilweise feuchten Wegen auf der Höhe, einfache Wege bis Forststraßen. Kurzer Anstieg aus dem Wippertal.

Wanderkarte: Topographische Karte 1 : 50 000 mit Wanderwegen: »Wandern im Ostharz«

Einkehrmöglichkeiten: Auf der Wanderung nur Erfrischungen an einem Kiosk am Anfang des Stausees (Campingplatz) und in Dankerode Landgasthaus Jägerstube, Gasthof Zur Linde

Anfahrt: Mit dem Kfz: Anreise über Harzgerode **Mit dem Bus:** Mit Linie 34 von Harzgerode. Erste Busse verkehren an Sonn- und Feiertagen nach Dankerode erst nach 11 Uhr.

Dankerode befindet sich auf einer in etwa 400 m gelegenen, ackerbaulich genutzten Hochfläche, die nach Norden durch die Schmale Wipper und nach Süden durch die Wipper begrenzt wird.

Die Wanderung beginnt in der Ortsmitte, wo wir uns von dem **Gasthof Zur Linde** nach rechts wenden und den Weg hinunter in das Markbachtal (Nebenbach der Wipper) nehmen. Bis zur 1 km entfernten Marktalsmühle bleiben wir auf der rechten Talseite, d. h. wir halten uns an der ersten Gabelung, etwa 200 m hinter dem Gasthof, rechts. Dieser (bis Neue Mühle) mit gelbem Dreieck markierte Weg führt in das Tal hinein.

An einzelnen Stellen ist der anstehende Schiefer aufgeschlossen. Den Weg säumen vor allem Hainbuchen.

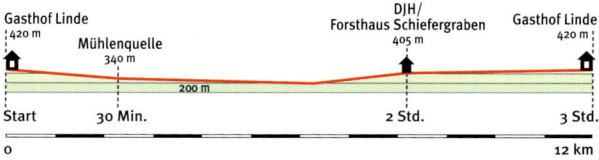

Gasthof Linde
420 m

Mühlenquelle
340 m

DJH/
Forsthaus Schiefergraben
405 m

Gasthof Linde
420 m

200 m

Start   30 Min.   2 Std.   3 Std.

0   12 km

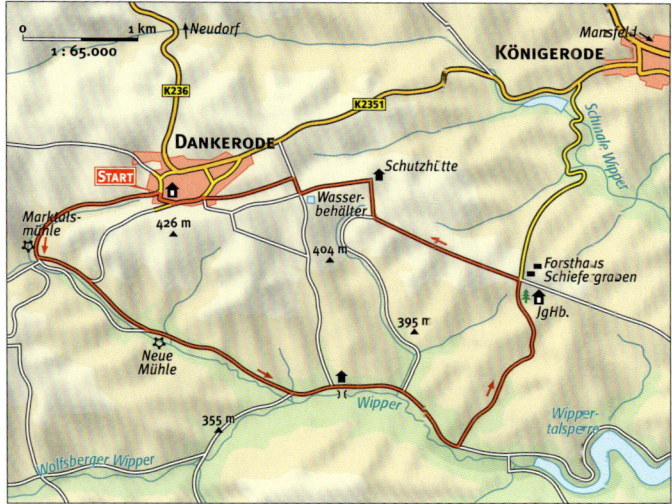

Zwischendurch tauchen auch vereinzelte große Feldahorn- und Bergahornbäume sowie Eschen in schönen Exemplaren auf.

An der **Abzweigung zu den Wochenendhäusern** halten wir uns links, ohne den Bach zu überschreiten. Der Weg ist vernässt und nicht ganz eben. Bei höherem Wasserstand dient er dem Bach als Abflussrinne. Im breiteren Talgrund angekommen, taucht auf der rechten Seite die **Marktalsmühle** auf. In Höhe der Mühle überqueren wir den Markbach über einen Steg. Der Weg führt nun in einem leichten Auf und Ab an der linken Talseite durch Laubmischwald schließlich in das Wippertal. Die mit Erlen bestandene Talsohle erreicht eine Breite von etwa 80 m. An der gefassten **Mühlenquelle** (30 Min.) können wir den Durst löschen. Vor der **Neuen Mühle** (45 Min.) sorgen zwei von beiden Seiten in das Tal einmündende Schuttfächer für eine morphologische Unausgeglichenheit auf dem sonst ebenen Talboden und für eine Verzweigung der Wipper.

Der Weg ist wegen der Befestigung steiniger und daher beschwerlicher geworden. Etwa 1 km unterhalb der Neuen Mühle trifft im spitzen Winkel die Wolfsberger Wipper auf die Wipper. Ihre mitgeführten Schwemm-Massen haben das Tal im Eiszeitalter bis zu einer Breite von 300 m aufgefüllt. Fast unmittelbar unterhalb einer über die Wipper führenden Brücke lädt eine Hütte mit Sitzplatz zur Rast ein.

Nun pendelt der Fluss in einer bezaubernden Landschaft durch die Aue. Etwa 0,5 km (Hinweis auf Wegweiser) vor dem Stausee und einem Campingplatz verlassen wir durch ein Seitental (grüner Balken) die Flussaue der Wipper in Richtung Hochfläche. Es ist der dritte Weg in einem Seitental der Wipper unterhalb der Neuen Mühle. Über eine Forststraße beginnt nun der etwas beschwerlichere Anstieg zum ca. 2 km entfernten und etwa 100 m hö-

Hang mit Ginster im Wippertal

her gelegenen **Forsthaus Schiefer-graben** (2 Std.) und der benachbarten Jugendherberge. Aber die Anstrengungen werden durch die reizvolle Umgebung eines schönen Buchenhochwaldes belohnt.

Von der Kreuzung an der Jugendherberge führt nun nach links eine schnurgerade und fast ebene Forststraße über die Höhen zurück Richtung Dankerode (grünes Kreuz). Am Ende dieser gerade verlaufenden Straße verlassen wir über eine Rechtskurve allmählich das Forstgebiet und treffen auf eine pavillonartige **Schutzhütte,** an der wir nach links abbiegen müssen.

Auf dem freien Gelände erkennen wir am westlichen Horizont hinter der Silhouette von Dankerode den etwa 10 km entfernten kastenförmigen Auerberg. In Höhe eines **Wasserbehälters** taucht im Nordwesten als weiterer markanter Berg am Rand des Unterharzes die Viktorshöhe (mit Sendemast) in unserem Blickfeld auf. Bei klarer Sicht sind sogar die etwa 40 km entfernten Hohneklippen des Brockenmassivs zu erkennen.

Nun liegt Dankerode fast unmittelbar vor uns. Wir biegen am Wasserbehälter nach rechts ab. Nach etwa 300 m gehen wir auf einem links beginnenden Feldweg direkt auf das Dorf zu. Die Wanderung endet schließlich wieder am **Gasthof Zur Linde** (3 Std.).

Die Schönheit der Selke-Aue

Durch das Selketal auf die Burg Falkenstein

Die Wanderung durch das Selketal ist besonders während der Herbsttage reizvoll. Wenn sich das Laub der verschiedenen Baumarten färbt, dann gestaltet sich eine Wanderung durch die Flussaue mit der Burg auf den Höhen zu einem Spaziergang voller Entspannung und Erholung.

DIE WANDERUNG IN KÜRZE

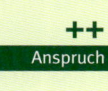

++
Anspruch

4 Std.
Gehzeit

17 km
Länge

Charakter: Leichte Wanderung über einen gut ausgebauten Talweg. Geringfügiger Anstieg über einen Waldweg zur Burg. Abgesehen vom Auffinden des Anstieges zur Falkenstein-Burg stellt die Streckenführung keine Anforderungen an den Orientierungssinn des Wanderers, denn er hat auf dem Hin- und Rückweg jeweils etwa 8 km Talstrecke ohne Abzweigung zu bewältigen.

Wanderkarte: Topographische Karte 1 : 50 000 mit

Wanderwegen: »Wandern im Ostharz«

Einkehrmöglichkeiten: Burg Falkenstein, Selkemühle außer Mo täglich 10-17 Uhr, Waldschänke Zum Falken

Anfahrt: Mit dem Kfz: Von Quedlinburg über die B 185 oder die B 242 von Mansfeld, Halle. **Mit dem Bus:** Mit Linie 15 von Alexisbad bzw. Harzgerode. **Mit der Selketalbahn:** Über Mägdesprung.

Die Wanderung beginnt und endet an der **Selkemühle.** Auf der gesamten Wanderstrecke (roter Balken, blauer Kreis) ist das Selketal ein ideal ausgebildetes Kastental mit einem ebenen, bis zu 200 m breiten Talboden. Streckenweise begleiten Kastanien den Weg. Sie verleihen der Tallandschaft einen schon fast parkähnlichen Charakter. Im Frühjahr fallen die stattlichen Bäume durch ihre weißen Blütenstände auf. Im Herbst tragen ihre großen gelben Blätter zur Farbfülle des Tales bei. Während dieser Jahreszeit fügt sich

das gefiederte Laub der Eschen mit einem zarten Gelb ein. In kräftigen Farbtönen hebt sich die Belaubung der Ahornbäume von seiner Umgebung ab. Ab und zu zieht die dahinplätschernde Selke den Blick des Wanderers auf sich, wenn mal wieder eine Brücke zu queren ist. Ihren von Erlen beschatteten Lauf hellt stellenweise seitlich einfallendes Sonnenlicht auf. Dieser im Zwielicht befindliche Teil steht im Kontrast zur Helligkeit der Talaue, wo im Sommer als bunte Flecken die Blüten des Wiesenstorchschnabels, des Schlan-

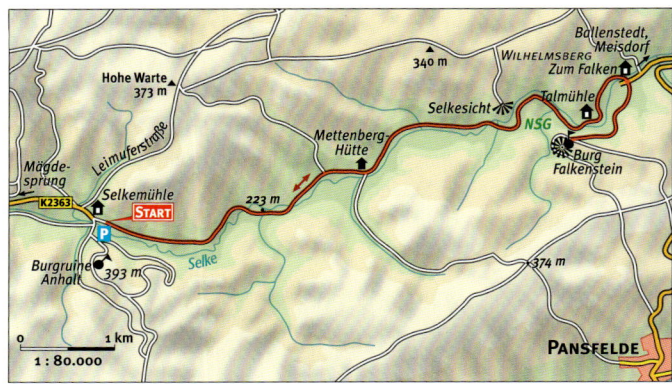

gen-Knöterichs oder der Lichtnelke aufleuchten. Zu Beginn säumen einzelne, kuppenförmig erscheinende Höhen den südlichen Talrand.

Auf einer der Anhöhen befindet sich die Burg Anhalt. Versteckt in einem Buchenwald ist die Burg auf dem 398 m hohen Hausberg heute nur noch ein Trümmerhaufen.

Bis zur **Schutzhütte Am Mettenberg** (1 Std.) wird die Selke zweimal gequert. Nach etwa 5 km Wegstrecke taucht über dem rechten Oberhang der Turm der Burg Falkenstein auf. Unmittelbar unter der Burg verengt sich die Talsohle im Bereich eines Mäanderhalses von 200 m Breite auf etwa die Hälfte. Die Hänge sind versteilt und mit Klippen besetzt. An der Engstelle erheben sich die Felsen schroff über der Talsohle. Hier zeigt sich der gefaltete Gesteinsuntergrund, vorwiegend be-

steht er aus der sandsteinartigen Grauwacke oder aus Schiefer. Vor dem Talausgang wird der Weg zu einer Allee. Schließlich erreichen wir die ersten Häuser. Etwa in Höhe der Gaststätte Zum Falken beginnt auf der rechten Talseite der Zugang zur Burg. Zunächst geht es durch einen dichten Jungwald, den anschließend ein mit Buchen bestandener Hochwald ablöst. Der letzte Teil des Aufstiegs ist am steilsten und geht in eine Treppe über. Wenn man aus dem Wald heraustritt, steht man schon fast unmittelbar vor der **Burg Falkenstein** (2 Std.) mit der hohen Schildmauer und dem alles überragenden, behelmten Bergfried.

Diese sich inmitten der Laubwälder des Unterharzes auf einem schmalen Sporn über der Selke erhebende Burg ist die am besten erhaltene Burg im gesamten Harz. Nach der Überliefe-

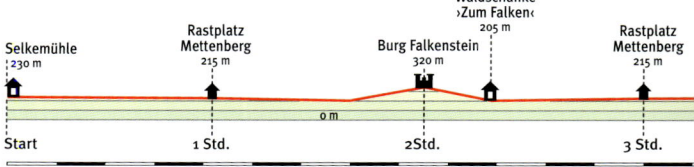

rung soll sie Egeno von Konradsheim im Jahre 1080 erbaut haben. Die Grafen von Falkenstein, deren Geschlecht während des 12. und 13. Jh. eine herausragende Machtstellung im Harzraum einnahm, machten die Burg 1120 zu ihrem Wohnsitz. Sie starben 1334 aus. Die an das Halberstädter Hochstift übereignete Burg musste 1427 an die Mansfelder Grafen verpfändet werden. Seit 1437 war sie Eigentum der Asseburger, denen sie bis 1945 gehörte.

Die wechselnden Besetzungen der Burg während des Dreißigjährigen Krieges führten zu einer Verarmung der Eigentümer. Die Folge war eine Vernachlässigung der Bauunterhaltung und ein Verfall von Teilen der Burg, die schließlich abgerissen werden mussten. Seit 1946 kann das, was von ihr übrig ist, besichtigt werden. Alljährlich wird sie von etwa 80 000 Besuchern aufgesucht.

Eines der wichtigsten Ausstellungsstücke ist eine aus dem Jahre 1569 stammende Kopie des Sachsenspiegels, der auf der Burg Falkenstein verfasst wurde. Der im Auftrag des Grafen Hoyer von Falkenstein von Eicke von Repkow (1180–1233) verfasste Sachsenspiegel ist das bedeutendste deutsche Gesetzbuch des Mittelalters.

Besonders im Herbst ist der Ausblick auf die ausgedehnten Laubwälder in der Umgebung der Burg mit den gelben bis braunen Farbtönen eine Augenweide. Die Landschaft vermittelt mit ihren unbesiedelten, bewaldeten und fast ebenen Hochflächen ein Gefühl von Ruhe und Beschaulichkeit. Als flacher Rücken erhebt sich sanft ansteigend das Granitmassiv des Ramberges in 15 km Entfernung über dem westlichen Horizont. Nur zu den Tälern fällt das Gelände steil ab. Dort sind dann in der Aue auch einzelne Häuser zu sehen. Im Nordosten geht das Waldgebiet des Unterharzes unvermittelt in die Ackerfluren des Vorlandes über. Auf dem Rückweg zur **Selkemühle** (4 Std.) genießen wir noch einmal die ruhevolle Tallandschaft.

Die Selkemühle

Die Mühle existiert seit einigen Jahrhunderten als Leimufermühle *(leuim = Lehm)*. An dieser Stelle des Selketales baute man Lehm als sog. Auenlehm im Bereich des Talbodens für die Ziegelherstellung ab. Fuhrwerke brachten den Lehm über die Leimuferstraße nach Ballenstedt zur Verarbeitung in die Ziegeleien. Ziegelsteine aus dem im Selketal gewonnenen Rohstoff wurden beispielsweise auch auf der Burg Anhalt verarbeitet.

Im Bereich der Selkemühle soll nach der Überlieferung Markgraf Ekbert von Meißen, ein unversöhnlicher Gegner von König Heinrich IV., am 3. Juli 1090 ermordet worden sein, und zwar vermutlich durch die Kriegsleute der Quedlinburger Äbtissin Adelheid, einer Schwester des Königs. So lange die Burg und das Dorf Anhalt bestanden (12.–14. Jh.) wurde die Mühle von dort genutzt.

Heute befinden sich in den Mauern der ehemaligen Selkemühle ein Restaurant und ein Hotel. Man kann sie von Harzgerode über die schmale Talstraße erreichen.

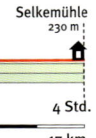

Selkemühle
230 m

4 Std.

17 km

Tour 34

Einsame Wege im Ostharz

Von Rammelburg über Vatterode nach Schloss Mansfeld

Im Gegensatz zu einer Wanderung durch den Hochharz, wird man auf dem Weg durch diese gar nicht so sehr den landläufigen Vorstellungen vom Harz entsprechende Landschaft vorwiegend allein sein. Äcker und bewaldete Talhänge sind ihr Wesensmerkmal.

DIE WANDERUNG IN KÜRZE

++
Anspruch

5.30 Std.
Gehzeit

20 km
Länge

Charakter: Leichte Wanderung durch eine Hügellandschaft auf ordentlichen Wegen und Straßen. Steilerer, kurzer Anstieg zum Schloss Mansfeld.

Wanderkarte: Topographische Karte 1:50000 mit Wanderwegen: »Wandern im Ostharz«

Einkehrmöglichkeiten: Biesenrode und am Vatteröder Teich

Anfahrt: Mit dem Kfz: Auf der B 242 aus der Richtung Halle bzw. dem Westen des Harzes. **Mit dem Bus:** Mit der Linie 322 von Harzgerode bzw. Halle und Eisleben. Rückfahrt mit der gleichen Buslinie von Leimbach, Klausstraße, nach Rammelburg, Abzweigung.

Das Wandergebiet befindet sich fast am Ostrand des Harzes. Die Höhendifferenzen zwischen den Hochflächen und den Talgründen sind weitaus geringer als im Ober- oder im Hochharz. So besitzt der Harz in dieser Region mehr den Charakter eines Hügellandes als den eines Mittelgebirges. Die Wanderung führt von dem wichtigsten Tal des Unterharzes an den aus geologischer, geschichtlicher und bergbaulicher Sicht interessanten Ostrand in die Umgebung von Mansfeld.

Wir brechen in **Rammelburg** am **Parkplatz gegenüber der Burgschenke** auf, folgen dem roten Balken in Richtung Nordosten und wandern durch Laubwald, bis nach etwa 700 m die Sohle des Wippertals er-

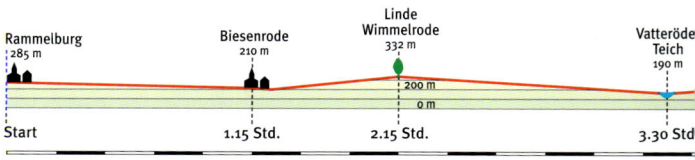

Rammelburg 285 m — Start | Biesenrode 210 m — 1.15 Std. | Linde Wimmelrode 332 m — 2.15 Std. | Vatteröder Teich 190 m — 3.30 Std

Die Rammelburg

reicht ist. Bei einem Blick zurück sehen wir die Rammelburg auf einem bewaldeten Sporn. Der Weg verläuft unmittelbar am Rand der Talsohle. Etwa auf der halben Wegstrecke nach Biesenrode weitet sich die Talaue auf mehr als 200 m. Hier sind während der Eiszeit gewaltige Schuttmassen in das Tal eingebracht worden. Ihren Aufbau kann man etwa 1 km vor Biesenrode studieren.

Bald passieren wir die ersten Häuser von **Biesenrode** (1.15 Std.) auf dem Rammelburger Weg. An dessen

Ende biegen wir nach rechts auf die Dorfstraße ab, gehen in der Höhe der Kirche nach rechts auf die **Brücke** zu und queren sie. Ein Wegweiser zeigt an, dass bis zum nächsten Ziel, Wimmelrode, 3 km zurückzulegen sind. Wir benutzen auf der anderen Talseite den Wimmelroder Weg (gelber Balken), der sich in Serpentinen aus dem Tal herauswindet. Auf der Höhe angekommen, sehen wir im Osten das Mansfelder Land mit den Halden als Wahrzeichen des ehemaligen Kupferschieferbergbaus. Über Mansfeld erhebt sich das Schloss, unser Tagesziel. Die Landschaft hier auf der Höhe ist vom Ackerbau geprägt. Felder sind ein für den Harz eher ungewöhnlicher Anblick.

Im Weiler **Wimmelrode** gibt es keine baulichen Sehenswürdigkeiten, kein Gasthaus und auch keine Einkaufsmöglichkeit. Wir gehen also

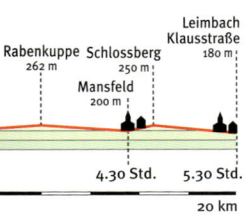

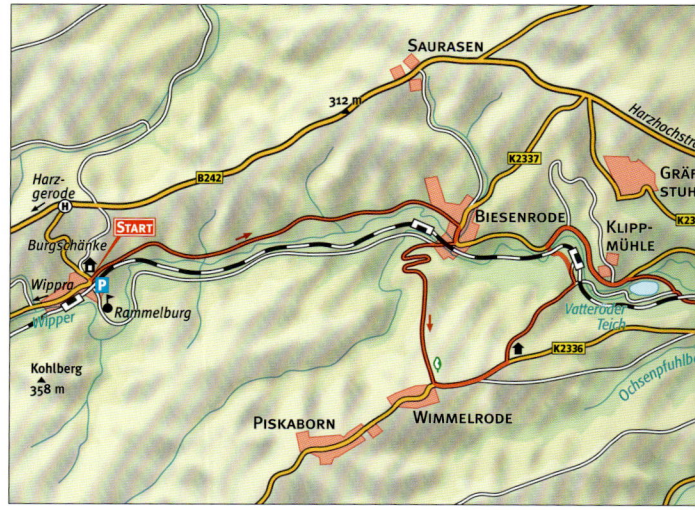

von der **Linde** (2.15 Std.) auf der Höhe direkt auf die Landstraße zu und biegen nach links ab. Nach ca. 800 m treffen wir vor der Einmündung der Straße in den Wald auf der linken Seite auf einen Pavillon. An dieser Stelle verlassen wir die Straße nach links und gehen zunächst am Waldrand entlang. Über ein freies Gelände mit Blick auf die Landschaft im Norden und auf den Vatteröder Teich führt nun die Route talwärts in eine Wochenendsiedlung, wo wir uns an der nächsten Verzweigung links halten müssen, um in das Durchbruchstal der Wipper in der Höhe von Gräfenstuhl-Klippmühle zu gelangen. Dort ist an den steilen Wänden beim **Bahnhof** besonders intensiv gefalteter Tonschiefer aufgeschlossen.

Wir passieren den Bahnhof und gehen den Weg weiter, bis wir Fluss und Bahn überqueren können. Talauswärts ist noch etwa 1 km bis **Vatteröder Teich** (3.30 Std.) zurückzulegen. Den Teich nutzte die Hütten-industrie während trockener Sommermonate seit über einem Jahrhundert zur Wasserversorgung. Heute dient er den Anwohnern als Naherholungsgebiet. Seltene, am Wasser lebende Vögel wie beispielsweise der Haubentaucher, die Zwergdommel, der Eisvogel oder der Flussregenpfeifer haben hier ihren Lebensraum gefunden.

Wir verlassen das Gebiet des Teiches über das Nordufer und wenden uns der **Gaststätte in der Feriensiedlung** zu. Soweit nicht Einkehr gehalten wird, gehen wir 80 m weiter zu einem Schuppen mit zwei Garagen. Dort beginnt hinter einer rotweißen Barriere (Markierung grüner Kreis an einer Birke) der weiter zu benutzende Pfad im Buchenwald.

Nach etwa 200 m teilt sich der Weg. Wir steigen über den rechten Abzweig an zum **Bahndamm**, überschreiten die Bahngleise, folgen nach links dem Pfad parallel zur Bahnlinie und queren diese noch einmal nach etwa 300 m über eine

Das Ziel, Mansfeld mit dem Schlossberg, liegt nun unmittelbar vor uns. Wir verlassen die Rabenkuppe und setzen den Weg auf der Straße nach rechts fort. Am Ende dieser Straße biegen wir nach rechts ab auf die Rabenhorststraße, queren das Tälchen mit dem Flutgraben vor dem Anstieg zum Zentrum von **Mansfeld** und gehen dann auf die **St. Georgskirche** (4.30 Std.) zu.

Martin Luther verbrachte einen Teil seiner Jugend in Mansfeld. Er lebte dort von 1484–1497. In der auf romanischen Grundmauern in den Jahren 1497–1520 erbauten Kirche hängt ein Bildnis Martin Luthers aus dem Jahre 1520. Gegenüber der Kirche, in der Franz-Junghuhn-Str. 2, ging er zur Schule, und in der Lutherstr. 26 steht sein Elternhaus, ein einfaches, aus Bruchsteinen gefertigtes zweistöckiges Gebäude.

Nach dem Ausflug in die Reformationsgeschichte gehen wir wieder zurück auf die Rabenhorststraße und queren anschließend die B 86 und den dahinter befindlichen Bach. Rechts von der Brücke beginnen wir vom Bachufer aus den Aufstieg zum **Schloss Mansfeld** (gelber Kreis).

Der Abstieg erfolgt über dieselbe Route bis ins Tal. Dort wenden wir uns auf der Hauptstraße, der B 86, nach rechts, passieren die das Tal überspannende Brücke und erreichen nach etwa 1,5 km die **Ortsmitte von Leimbach**. Dort befindet sich beim Zusammentreffen der B 86 mit der B 242 in Höhe des Denkmals die **Bushaltestelle Klaußstraße** (5.30 Std.) auf der rechten Seite. Die Rückfahrt erfolgt bis Rammelburg ›Abzweigung‹. Von dort haben wir die Rammelburg immer vor Augen, noch etwa 1 km bis zu unserem Ausgangspunkt, dem **Parkplatz** gegenüber der **Burgschenke**, zu gehen.

Brücke. Vor uns ist nun Vatterode zu sehen. Im Rechtsbogen gehen wir auf die Kirche und den Friedhof zu und treffen schließlich auf die Dorfstraße von **Vatterode** (4 Std.). Dieser folgen wir nach links ins Tal und biegen nach etwa 200 m nach rechts auf die Bergstraße ab. Auf dem weiteren Weg benutzen wir die Schulstraße, die auf dem Weg zur Rabenkuppe die Bahnlinie quert. Nach etwa 400 m beginnt der Anstieg auf die Rabenkuppe auf der rechten Seite.

Bezüglich der geologischen Verhältnisse haben wir mit Verlassen des Teichs das Verbreitungsgebiet jüngerer, aus rötlichen Sandsteinen und Konglomeraten bestehender Sedimente (Rotliegendes, 270 Mio. Jahre alt) betreten. Auf diesem nährstoffarmen Untergrund der Rabenkuppe hat sich eine Heidelandschaft entwickelt. Es ist ein Trockenrasenstandort mit Birken, Hundsrosen, Kiefern und Besenheide, ein in dieser Ausbildung seltener Standort im Harz.

Kupferschiefer als Wegbegleiter

Auf dem Bergbaulehrpfad bei Wettelrode

Landschaftliche Schönheiten stehen nicht im Vordergrund bei dieser Tour, sondern man begegnet Zeugnissen aus etwa 800 Jahren Bergbaugeschichte, die verdeutlichen, in welch gravierender Weise unsere Vorfahren bereits im Mittelalter die Landschaft veränderten.

DIE WANDERUNG IN KÜRZE

+
Anspruch

2.15 Std.
Gehzeit

9 km
Länge

Charakter: Leichte Wanderung auf Wegen und Pfaden. Bei feuchtem Wetter besteht Rutschgefahr auf einzelnen Streckenabschnitten. Nur geringe Anstiege.

Wanderkarte: Topographische Karte 1 : 50 000 mit Wanderwegen: »Wandern im Ostharz«

Einkehrmöglichkeiten: Am Schacht Röhrig und in Morungen

Ausrüstung: Es ist angebracht, für den Besuch der ausgebauten und gesicherten Schächte und Pingen Taschenlampen mitzunehmen.

Anfahrt: Mit dem Kfz: Von Sangerhausen über die Landstraße nach Wippra und dann der Beschilderung Zum Bergbaumuseum bis zum Vorplatz des Schachtes Röhrig folgen. **Mit dem Bus:** Von Sangerhausen.

Hinweise: Eine Beschreibung des Bergbau-Lehrpfades erhält man am Schalter des Bergbau-Museums. Erhitzte Wanderer finden im Kunstteich die willkommene Möglichkeit zur Abkühlung. Es ist gefährlich, sich außerhalb des Lehrpfades in die Vertiefungen der Pingen zu begeben.

Aus geologischer Sicht befinden wir uns in einer Landschaft, in der parallel zum Südrand des Harzes, also der gefalteten Gesteinsserien, deutlich jüngere Gips- und Dolomitgesteine anstehen. Der Charakter der Land-

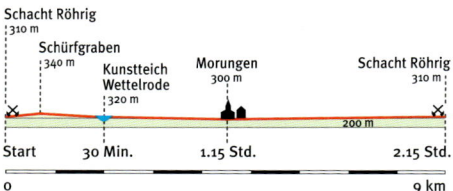

Schacht Röhrig
310 m

Schürfgraben
340 m

Kunstteich Wettelrode
320 m

Morungen
300 m

Schacht Röhrig
310 m

200 m

Start   30 Min.   1.15 Std.   2.15 Std.

0   9 km

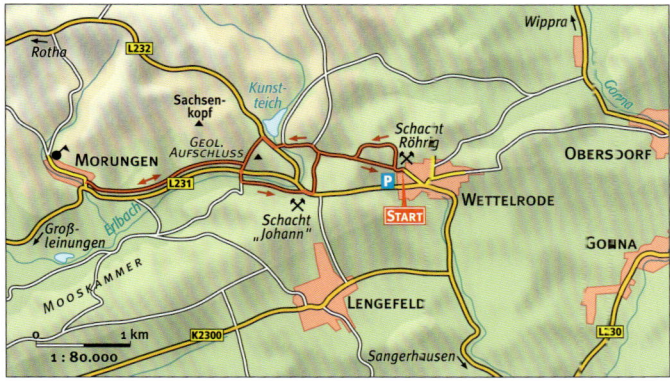

schaft, d. h. die Ausbildung ihrer Elemente und Formen ist von der Löslichkeit dieser Gesteine, vom Karst, geprägt. Zugleich stellt dieses Gebiet den Übergang von den geschlossenen Forsten des östlichen Unterharzes zum waldfreien thüringisch-sächsischen Altsiedlungsraum dar. Die Wälder sind in der Regel Buchenwälder.

Der einst betriebene Bergbau ist eher unter der Bezeichnung ›Mansfelder Kupferschiefer-Bergbau‹ bekannt. Er besaß eine große Tradition und kam 1990 zum Erliegen. Zum Studium dieser besonderen Landschaft ist das 5 km nördlich von Sangerhausen gelegene Wettelrode mit seinem im Jahre 1991 eröffneten Schaubergwerk Schacht Röhrig und dem 1987 eröffneten Bergbaumuseum vorzüglich geeignet. Zu empfehlen ist für diese Tagesunternehmung der Besuch des Besucher-Bergwerkes und anschließend die Begehung des sehr informativen Bergbaulehrpfades.

Die Wanderung über den Bergbaulehrpfad beginnt auf dem Weg links vom **Eingang des Schachtes ›Röhrig‹** und führt nach Norden. Wir folgen Hammer und Schlägel als

Markierung, biegen nach ungefähr 250 m links ab und erreichen einen Aussichtspunkt, der uns in Richtung Süden einen Überblick über das Sangerhäuser Kupferschieferrevier mit Schacht Röhrig (links) und der etwa 140 m hohen Halde von Schacht Sangerhausen (ehemaliger Thomas-Müntzer-Schacht, rechts) gewährt.

Im Vordergrund stehen auf unserem Gang durch die Bergbaugeschichte zunächst die bergbaulichen Aktivitäten des Mittelalters. Auf der Fortsetzung des Weges kommen wir in das sog. **Kämpfer-Revier** (15 Min.). An einem Schürfgraben tritt Kupferschiefer zutage. Etwa 30 m davon entfernt sind Schachtanlagen rekonstruiert, in denen das Erz aus wenigen Metern Tiefe gefördert wurde. In diesem Teil wird die Untertage-Situation des Altbergbaus im 14.–15. Jh. beschrieben und dargestellt.

In der Umgebung dieser Anlagen ist an dem mit Pingen übersäten Waldboden zu erkennen, mit welcher Intensität nach dem Kupferschiefer gegraben wurde. Frühere Siedlungen sind inzwischen verschwunden, wie ein Hinweisschild

Informationstafel zum Bergbaulehrpfad Wettelrode und alter Förderturm

auf die Wüstung Ennickenrode anzeigt. Die erste Erwähnung dieser
Wüstung erfolgte bereits 1517. 1534
war diese aufgegebene Siedlung als
zum Bergamt Grillenberg gehörige
Wüstung aufgeführt.

Die nächsten Zeugnisse des Bergbaus sind jünger und stammen aus
dem 18. bzw. 19. Jh. Nicht weit von
der Wüstung befinden sich mit einem Kunstgraben und dem Kunstteich die ältesten noch vorhandenen
wasserwirtschaftlichen Bauten des
Sangerhäuser Bergbaus. Sie wurden

1720 zum Betreiben der Förderanla-
gen angelegt. In wasserarmen Jah-
reszeiten wurde Wasser in den alten
Wiesenschacht geleitet. Von dort
aus floss das Wasser über den Gon-
naer Stollen in das Flüsschen Gonna
und wurde in der Sangerhäuser Kup-
ferhütte (Nähe Walkmühle) als Auf-
schlagwasser genutzt.

Die Vegetation, die diese Zeugnisse des Bergbaus umgibt, setzt sich
entsprechend den Gesteinsverhält-
nissen aus Laubwald mit Buchen
und Eichen, wenigen Hainbuchen

und sehr vereinzelten Bergahorn-Bäumen zusammen. In der Krautschicht wachsen das Maiglöckchen, die Türkenbundlilie, das Waldbingelkraut und das Salomonssiegel.

Einen beschaulichen Charakter hat die Umgebung des **Kunstteiches** (30 Min.), der im Jahre 1728 als Wasserreservoir für den Bergbau angelegt wurde. Der Wettelröder Kunstteich ist das einzige vollständig erhaltene Bauwerk seiner Art in dieser Region. 1842 wurde er erweitert. 1939 ereignete sich ein Dammbruch, wobei die abfließenden Wassermassen in Großleinungen Häuser zum Einsturz brachten.

Nach dem Besuch des Teiches begeben wir uns auf die andere Straßenseite und besichtigen dort im Wald weitere Kunstgräben. Die Nutzung der Grabensysteme endete mit der Stilllegung 1874 bzw. 1880.

Besonders sehenswert ist ein **Aufschluss** des Gesteinsuntergrundes nahe der Straße von Wettelrode nach Morungen. Das sonst mit 5°–15° geneigte Kupferschieferflöz tritt hier fast senkrecht an die Oberfläche. Im Untergrund ist es weniger stark geneigt, so dass es sich 160 m weiter auf der gegenüberliegenden Seite des Morunger oder Erlbachtales in einer Tiefe von 100 m befindet.

Der Weg nach Morungen führt als Pfad parallel zur Straße und ist nicht markiert. Er windet sich durch ein vollständig umgewühltes, sehr altes Bergbaugebiet. Der Pfad stößt nun auf den Karstwanderweg (roter Balken). Auf der Südseite des Morunger Tales sind Abraumhalden zu erkennen.

Hier geht man links von der Tafel am Zaun entlang, der in eine mit einem (fast verrotteten Lattenzaun begrenzte Schonung übergeht. Wichtig ist es, auf dem Weg in der Nähe der Straße

zu bleiben. So darf man im letzten und größten der zu querenden Täler (500 m vor Morungen) auf der Forststraße nur 50 m nach rechts in das Tal hineingehen, muss dann nach links abbiegen und den Weg bzw. Pfad rechts von der großen Buche und links vom Feld benutzen. Der zwischen beiden Buchen hindurchführende Weg führt auf die Randhöhen des Harzes und nicht nach Morungen oberhalb des Erlbaches.

Empfehlenswert ist von **Morungen** (1.15 Std.) aus ein 1 km lange Abstecher (R2) zur Burgruine. Von dort hat man eine schöne Aussicht auf die Goldene Aue mit Kelbra und die Hainleite. Morungen ist bekannt durch den Minnesänger Heinrich von Morungen (1150–1222).

Von Morungen gehen wir wieder auf dem gleichen Weg zurück bis zum **Bergbaulehrpfad.** Nun folgen wir wieder dem mit Hammer und Schlägel markierten Weg, also dem Lehrpfad, und queren die Straße. Wir wenden uns nach links, passieren einen Eichenhain mit schönem Baumbestand und gehen nach rechts auf die Höhe. Am südlichen Hang des Erlbachtales sind Überreste bergbaulicher Aktivitäten aus dem 19. Jh. zu sehen. Der **Johann-Schacht** wurde 1853–1864 bis eine Tiefe von 130,6 m abgeteuft und wegen geringer Kupfergehalte des Erzes im Jahre 1874 schon wieder stillgelegt.

Wir verlassen das Gebiet im Osten und queren, dem Wegweiser folgend, die Straße. Der Weg führt uns nun durch eine parkähnliche Landschaft mit den sanft ansteigenden Hängen des als Flachmulde ausgebildeten Erlbachtales. Am Ende des Pfades müssen wir nach rechts abbiegen und sind nach etwa 15 Minuten wieder auf dem **Parkplatz des Schachtes Röhrig** (2.15 Std.).

Glossar

Auffaltung	Zusammenschieben von Gesteinsmassen mit der Ausbildung von Falten
Dolomit	(nach Dolomieu, franz. Mineraloge), ein im Wesentlichen aus dem Mineral Dolomit bestehendes Sedimentgestein
Flöz	(ahd. *flezzi* = flach), Gesteinsschicht, die wirtschaftliche nutzbare Stoffe enthält
Gips	gesteinsbildendes Mineral mit besonders großer Verbreitung am Harzsüdrand (wasserhaltiges Calciumsulfat)
Granit	(lat. *granum* = Korn), häufigstes Tiefengestein (siehe dort), hell, bestehend aus Feldspat, Quarz und Glimmer
Grauwacke	Gesteinsbezeichnung aus dem Harzbergbau (mindestens seit dem Jahre 1718) für einen grauen bis graugrünen Sandstein, bestehend aus Mineral- und Gesteinsbruchstücken verschiedenster Art. Der Begriff wird meist nur für diese spezielle Sandsteinart aus dem Paläozoikum (siehe dort) gebraucht
Hochfläche	in den oberen Teilen eines Mittelgebirges gelegene Verebnungen mit einer signifikanten Verbreiterung
Hornfels	feinkörniges Gestein, das durch den Kontakt mit heißen Schmelzmassen in der Tiefe verändert wurde. Es ist splittrig, die ursprüngliche Schichtung ist unter der Hitzeeinwirkung verwischt, einmal vorhandene Fossilien sind verschwunden.
Kalkstein	überwiegend aus Calciumkarbonat bestehendes Sedimentgestein mit weltweiter Verbreitung. Ensteht hauptsächlich im Meer, häufig unter Mitwirkung von Organismen, daher fossilhaltig
Konglomerat	(lat. *conglomerare* = zusammenballen), verfestigter Fluss- oder Brandungsschotter
Kupferschiefer	dunkler, bituminöser Mergelschiefer, reich an Kupfererz. Ursprüngliche Faulschlammbildung. Weite Verbreitung in der Umgebung von Mansfeld und Sangerhausen (Alter etwa 250 Mio. Jahre)
Mäander	(nach Menderes, griech. *Maiandros,* Fluss an der Westküste Kleinasiens), in Schlingenform gewundener Flusslauf
Mergel	Sedimentgestein aus Ton und Kalk
Paläozoikum	Erdzeitalter, das etwa von 600 Mio. bis 250 Mio. vor unserer Zeit dauerte
Quarzit	ursprünglicher quarzhaltiger Sandstein, der durch Druck und Temperatur verändert worden ist
Schalstein	ein im Laufe von Jahrmillionen veränderter basaltischer Tuff
Schiefer	durch Druck und Temperatur verändertes feinkörniges Sedimentgestein
Tiefengestein	ein in der Tiefe der Erdkruste erstarrtes Gestein

Register

Für Ihre Notizen

Für Ihre Notizen

Abbildungsnachweis

Titelbild: Bad Grund

Fotografen:
Soweit nicht nachstehend aufgeführt, stammen alle Fotos vom Autor

Bausenhardt, A., St. Andreasberg   S. 8, 93

Fotostudio Kiedrowski, Koshofer (Ratingen)   S. 2, 42, 76, 85

Spitta, W., Loham   S. 18, 59

Kartografie: DuMont Reisekartografie, Puchheim
© MAIRDUMONT, Ostfildern

Impressum

Über den Autor: Dr. Achim Schnütgen studierte nach etwa zehn Jahren Gärtnertätigkeit Geologie, Mineralogie und Geophysik und promovierte über ein Thema der Eiszeitenforschung.

4., aktualisierte Auflage 2008
© DuMont Reiseverlag, Ostfildern
Alle Rechte vorbehalten
Grafisches Konzept: Groschwitz, Hamburg
Druck: Rasch, Bramsche
Buchbinderische Verarbeitung: Bramscher Buchbinder Betriebe